Silke Nickel



# Der Bericht - 5./6. Schuljahr



MANZ VERLAG

2. Auflage 2003
Manz Verlag

Lektorat: Peter Süß, München
Herstellung: Karin Schmid, Baldham
Umschlaggestaltung: Zembsch' Werkstatt, München
Illustration: Rosemary Dorner-Weise, Germering
Layout: Karin Schmid, Baldham
Satz: Karin Schmid, Baldham
Druck: Druckhaus Beltz, Hemsbach
Printed in Germany

ISBN 3-7863-1030-0

# Tipps zum Training mit diesem Buch

Du sollst für die Schule einen Bericht verfassen? Du hast bisher meistens Erzählungen geschrieben? Keine Angst – einen Bericht zu schreiben kann man lernen. Es ist gar nicht schwer!

Dieses Buch will dir Schritt für Schritt dabei helfen, einen Bericht anzufertigen. Im ersten Teil lernst du den Unterschied zwischen Bericht und Erzählung sowie die wichtigsten Regeln zu Aufbau, Perspektive und Sprache eines Berichts kennen. Zur Verdeutlichung sind immer wieder kurze Beispiele eingefügt, die zunächst ziemlich einfach und danach etwas kniffliger sind.

Im zweiten Teil findest du typische Themen, die du in der Schule brauchst, zum Beispiel die Umwandlung einer Erzählung in einen Bericht. Die einzelnen Arbeitsschritte sind dabei genau erklärt. Außerdem bekommst du Tipps, wie du solche Aufgaben am besten löst – natürlich auch mit Aufsatzbeispielen.

Zwischendurch kannst du in kurzen Übungsaufgaben zeigen, ob du alles verstanden hast. Lass dir dabei Zeit und vergleiche erst dann, wenn du mit der Aufgabe fertig bist, deine Ergebnisse mit dem Lösungsvorschlag.

Mit diesem Buch kannst du im 5. und im 6. Schuljahr zusätzlich zum Unterricht gut trainieren – oder eine Prüfung vorbereiten. Kurz vor der Prüfung helfen dir besonders die Tipps und Zusammenfassungen weiter.

Wir wünschen dir viel Spaß und Erfolg!

# Inhalt

# A Der Bericht – Fragen und Antworten

## 1 Die Unterschiede zwischen Bericht und Erzählung

Wahrscheinlich hast du in der Schule bisher meistens Erzählungen geschrieben. Nun sind aber Bericht und Erzählung zwei Aufsatzarten, die sich in vielen wichtigen Punkten voneinander unterscheiden. In diesem Kapitel lernst du durch den Vergleich zwischen einer Erzählung und einem Bericht über dasselbe Ereignis die wichtigsten Unterschiede zwischen beiden Aufsatzarten kennen.

Schau dir zunächst einmal an, was der zehnjährige Jens Maier und sein Vater in ihrer Wohnung während der Nacht vom 3. auf den 4. Juni 2000 erleben:

Am 5. Juni erzählt Jens Maier seinen Freunden in der Schule das spannende Erlebnis:

Vorgestern Abend gingen mein Vater und ich gegen neun Uhr schlafen. Mitten in der Nacht wachten wir beide durch ein sonderbares Geräusch auf. „Hörst du das auch?“, fragte ich meinen Vater. „Was ist das?“ „Da ist jemand in unserer Wohnung“, flüsterte Vater leise, „wahrscheinlich ein Einbrecher.“ Ich erschrak und mein Herz klopfte laut vor Aufregung. Vater konnte gerade noch seinen Revolver aus der Nachttischschublade hervorholen. Da betrat auch schon der Einbrecher unser Schlafzimmer. Er war mit einer Pistole bewaffnet und sah unheimlich aus, denn er hatte sich ein Halstuch über Mund und Nase gebunden.

Schnell sprangen Vater und ich hinter eines der beiden Betten in Deckung. Schon eröffnete der Fremde das Feuer. Mein Vater schoss zurück. Währenddessen kauerte ich ängstlich hinter dem Bett. Da sah ich auf einmal vor mir auf dem Boden eine Reißzwecke liegen. Ich hatte eine geniale Idee. Das könnte klappen, dachte ich mir.

Meinem Vater war es inzwischen gelungen, den Einbrecher auf den Gang zurückzudrängen. Dort verschanzten sich beide hinter Türrahmen und schossen weiter aufeinander. Vorsichtig schlich ich mich an meinem Vater vorbei. Nun warf ich die Reißzwecke mit der Spitze nach oben im Gang auf den Boden. Der Ganove war so beschäftigt, dass er nichts bemerkte. Dann gab ich meinem Vater schnell ein Zeichen zum Rückzug. Während Papa und ich rasch ins Badezimmer flüchteten, fragte ich mich ängstlich: Wird mein Plan klappen?

Durch den Spalt der Badezimmertür beobachteten wir gespannt, wie der Dieb uns folgte. Dabei schoss er wild um sich. Er stürmte so rasch vorwärts, dass er die Reißzwecke nicht sah. Er trat genau auf sie drauf. Der Gauner trug nur Socken, wahrscheinlich um kein Geräusch zu machen. Daher bohrte sich die Reißzwecke tief in seinen Fuß. Der Einbrecher schrie vor Schmerz laut „Au, au". Er sprang hoch in die Luft und ließ dabei seine Pistole fallen. Dann lag er laut jammernd auf dem Boden und hielt sich seinen schmerzenden Fuß. Darin steckte immer noch der Reißnagel „Juhu, wir haben ihn überlistet!", schrie ich vor Freude.

Rasch lief mein Vater aus dem Bad zu dem jammernden Halunken. Ich schnappte mir unsere Wäscheleine und rannte ihm damit hinterher. Vater fesselte den nun wehrlosen Einbrecher. Ich blickte stolz auf die Reißzwecke und dachte: Was für ein Glück, dass mein Plan geklappt hat! Dann riefen wir die Polizei an und bald holten zwei Beamte den Ganoven ab.

Am Vormittag des 4. Juni geht der Vater von Jens zur Polizei, um den Beamten nochmals genau die Ereignisse der Nacht zu Protokoll zu geben:

Letzte Nacht, also vom 3. auf den 4. Juni 2000, gelang es mir, Johann Maier, und meinem zehnjährigen Sohn Jens, gegen 1 Uhr in unserer Wohnung in der Nürnberger Straße 14 durch eine List einen bewaffneten Einbrecher zu überwältigen.

Nachdem wir gegen 21 Uhr zu Bett gegangen waren, erwachten wir etwa vier Stunden später durch ein ungewohntes Geräusch. Ich nahm meinen Revolver aus der Nachttischschublade und mein Sohn und ich verschanzten uns hinter dem Bett. Wenige Sekunden später betrat ein mit einer Pistole bewaffneter und mit einem schwarzen Halstuch maskierter Mann unser Schlafzimmer. Als er uns mit seiner Waffe bedrohte und schließlich auf uns schoss, gebrauchte auch ich meine Waffe. Es gelang mir zwar, den

Dieb auf den Gang zurückzudrängen, jedoch nicht, ihn zu überwältigen. Da sah ich, wie mein Sohn vom Einbrecher unbemerkt eine Reißzwecke mit der Spitze nach oben auf den Boden im Gang warf. Als wir uns daraufhin rasch ins Badezimmer zurückzogen, setzte uns der Einbrecher hinterher, wobei er immer noch auf uns schoss. Dabei trat der Dieb, der, um keine Geräusche zu verursachen, nur Socken trug, auf die Reißzwecke. Vom Schmerz überwältigt ließ er seine Waffe fallen und stürzte zu Boden. So konnten wir den jetzt wehrlosen Einbrecher überwältigen und ihn mit einer Wäscheleine fesseln. Dann alarmierten wir telefonisch die Polizei. Nach etwa zehn Minuten kamen zwei Beamte, die den Einbrecher abführten.

Mein Sohn und ich blieben unverletzt, doch unsere Wohnung wurde durch die Einschüsse in Wände und Türen stark beschädigt.

Obwohl Vater und Sohn über das gleiche nächtliche Ereignis sprechen, klingen ihre Aussagen ganz unterschiedlich. Wir wollen herausfinden, woran das liegt, indem wir beide Texte nun vergleichen.

**1.** Wer hört Sohn und Vater zu?

Jens redet zu seinen Freunden, der Vater zu einem Polizisten.

**2.** Warum reden Jens und der Vater mit diesen Zuhörern über die nächtlichen Ereignisse? Was wollen sie erreichen?

Jens will seine Freunde durch eine spannende Geschichte unterhalten. Wahrscheinlich will er auch von ihnen wegen seiner klugen Idee (Reißzwecke) bewundert werden und mit der Geschichte ein bisschen angeben.
Wie man eine Erzählung spannend gestaltet, indem man langsam zum Höhepunkt – also zur spannendsten Stelle – hinführt und diese besonders ausgestaltet, hast du bestimmt schon gelernt. Man nennt diesen Aufbau einer Geschichte die Spannungskurve.

Der Vater berichtet dem Polizisten von den nächtlichen Ereignissen, damit dieser den genauen Ablauf mitschreiben kann. Dabei ist es nicht wichtig, dass der Polizist gespannt lauscht, wie die Geschichte wohl ausgeht, sondern dass er alle wichtigen Angaben des Vaters erfährt, damit der Einbrecher vor Gericht verurteilt und gerecht bestraft werden kann. Ein Bericht soll also nicht spannend, sondern informativ sein.

**3.** Warum ist der Text des Vaters kürzer? Was hat er im Vergleich zu Jens weggelassen? Suche zur Beantwortung dieser Fragen in beiden Texten nach wörtlicher Rede, Gefühlsäußerungen sowie nach Gedanken, die sich eine der beteiligten Personen macht.

Beim Vergleich der beiden Texten kannst du feststellen, dass nur Jens wörtliche Rede verwendet und über seine Gefühle erzählt, der Vater jedoch nicht. Der Vater geht überhaupt nicht darauf ein, wie er sich in der Nacht gefühlt hat, sondern berichtet nur von den Ereignissen. Jens erzählt außerdem, was er in der einen oder anderen Situation gedacht hat, während der Vater das nicht macht.

Im Text von Jens hast du vermutlich folgende Stellen markiert:

| | |
|---|---|
| wörtliche Reden | Vorgestern Abend gingen mein Vater und ich gegen neun Uhr schlafen. Mitten in der Nacht wachten wir beide durch ein sonderbares Geräusch auf. „Hörst du das auch?", fragte ich meinen Vater. „Was ist das?" – „Da ist jemand in unserer Wohnung", flüsterte Vater leise, „wahrscheinlich ein Einbrecher." |
| Gefühle | Ich erschrak und mein Herz klopfte laut vor Aufregung. Vater konnte gerade noch seinen Revolver aus der Nachttischschublade hervorholen. Da betrat auch schon der Einbrecher unser Schlafzimmer. Er war mit einer Pistole bewaffnet und sah unheimlich aus, denn er hatte sich ein Halstuch über Mund und Nase gebunden. |
| | Schnell sprangen Vater und ich hinter eines der beiden Betten in Deckung. Schon eröffnete der Fremde das Feuer. Mein Vater schoss zurück. |
| Gefühl | Währenddessen kauerte ich ängstlich hinter dem Bett. Da sah ich auf einmal vor mir auf dem Boden eine Reißzwecke liegen. Ich hatte eine geniale Idee. |
| Gedanke | Das könnte klappen, dachte ich mir. |

Meinem Vater war es inzwischen gelungen, den Einbrecher auf den Gang zurückzudrängen. Dort verschanzten sich beide hinter Türrahmen und schossen weiter aufeinander. Vorsichtig schlich ich mich an meinem Vater vorbei. Nun warf ich die Reißzwecke mit der Spitze nach oben im Gang auf den Boden. Der Ganove war so beschäftigt, dass er nichts bemerkte. Dann gab ich meinem Vater schnell ein Zeichen zum Rückzug. Während Papa und ich rasch

Gefühl — ins Badezimmer flüchteten, fragte ich mich ängstlich:

Gedanke — Wird mein Plan klappen?

Durch den Spalt der Badezimmertür beobachteten

Gefühl — wir gespannt, wie der Dieb uns folgte. Dabei schoss er wild um sich. Er stürmte so rasch vorwärts, dass er die Reißzwecke nicht sah. Er trat genau auf sie drauf. Der Gauner trug nur Socken, wahrscheinlich um kein Geräusch zu machen. Daher bohrte sich die Reißzwecke tief in seinen Fuß. Der Einbrecher schrie

wörtliche Rede — vor Schmerz laut „Au, au". Er sprang hoch in die Luft und ließ dabei seine Pistole fallen. Dann lag er laut jammernd auf dem Boden und hielt sich seinen

Gefühl — schmerzenden Fuß. Darin steckte immer noch der

wörtliche Rede — Reißnagel „Juhu, wir haben ihn überlistet!", schrie

Gefühl — ich vor Freude.

Rasch lief mein Vater aus dem Bad zu dem jammernden Halunken. Ich schnappte mir unsere Wäscheleine und rannte ihm damit hinterher. Vater fesselte

Gefühl — den nun wehrlosen Einbrecher. Ich blickte stolz auf

| | |
|---|---|
| Gedanke | die Reißzwecke und dachte: Was für ein Glück, dass mein Plan geklappt hat! Dann riefen wir die Polizei an und bald holten zwei Beamte den Ganoven ab. |

**4.** Welche Bezeichnungen verwenden Jens und sein Vater für den Einbrecher in den beiden Texten?

Die Wörter *Einbrecher* und *Dieb* kommen in beiden Texten vor. Jens bezeichnet den Mann daneben noch mit den Begriffen *Gauner, Ganove* und *Halunke*. Er verwendet also Wörter unserer täglichen Umgangssprache, während sich der Vater etwas neutraler ausdrückt.

**5.** Vergleiche die Länge der verwendeten Sätze, vor allem auch am Anfang der beiden Texte. Was fällt dir dabei auf?

Jens bildet kürzere Hauptsätze, während der Vater längere Satzgefüge – also Haupt- und Nebensätze – verwendet.

Beispiel aus dem Text von Jens:

> Vorgestern Abend gingen mein Vater und ich gegen neun Uhr schlafen. Mitten in der Nacht wachten wir beide durch ein sonderbares Geräusch auf.

Beispiel aus dem Text des Vaters:

> Letzte Nacht, also vom 3. auf den 4. Juni 2000, gelang es mir, Johann Maier, und meinem zehnjährigen Sohn Jens, gegen 1 Uhr in unserer Wohnung in der Nürnberger Straße 14 durch eine List einen bewaffneten Einbrecher zu überwältigen.

**6.** In welcher Zeitstufe stehen die Verben in beiden Texten?

Vater und Sohn verwenden in ihren Texten die 1. Vergangenheit (Präteritum): *gingen, wachten … auf, gelang*.

Fassen wir die Ergebnisse zusammen:

- Jens **erzählt** seinen Freunden die Geschichte, um diese damit zu **unterhalten**.
- Dafür muss er die nächtlichen Ereignisse möglichst **spannend** ausgestalten. Er schildert deshalb auch seine **Gedanken** sowie seine **Gefühle** und verwendet **wörtliche Rede**.
- Jens steigert die Spannung der Geschichte bis zum **Höhepunkt**, als der Einbrecher auf die Reißzwecke steigt.
- Jens erzählt im **Präteritum** (1. Vergangenheit). Er bildet dabei insgesamt ziemlich **kurze Sätze** und verwendet manchmal **umgangssprachliche Wörter** (zum Beispiel Gauner oder Halunke).
- Texte wie den von Jens nennen wir **Erzählungen**.

- Der Vater **berichtet** den Polizisten von den nächtlichen Ereignissen, um diese über den Vorfall zu **informieren**.
- Für das Protokoll muss er möglichst viele **wichtige Einzelheiten** erwähnen, wie etwa die Uhrzeit des Einbruchs oder seine Adresse.
- Seine Aussage soll nicht spannend, sondern **informativ** sein. Daher verwendet er keine Gedanken, Gefühle oder wörtliche Rede.
- Der Vater berichtet in der **1. Vergangenheit** (Präteritum). Er bildet dabei ziemlich **lange Sätze** und verwendet eine **sachliche Sprache** ohne Ausschmückungen.
- Texte wie den des Vaters nennen wir **Berichte**.

**Wichtig**

Wie wir gerade gesehen haben, unterscheiden sich Erzählungen und Berichte durch eine Reihe von Kennzeichen:

| | **Erzählung** | **Bericht** |
|---|---|---|
| **Ziel** | unterhalten | informieren |
| **Aufbau** | Spannungskurve mit Höhepunkt | gleichmäßig (ohne Spannung) |
| **Inhalt** | Gedanken, Gefühle, wörtliche Rede | keine Gedanken, Gefühle, wörtliche Rede |
| **Zeitstufe** | 1. Vergangenheit (Präteritum) | 1. Vergangenheit (Präteritum) |
| **Wortwahl** | Erzählstil (Adjektive, Umgangssprache) | Sachstil (präzise und knapp) |
| **Satzbau** | kürzere Sätze | längere Sätze; viele Nebensätze |

Ein Bericht informiert knapp und sachlich in der 1. Vergangenheit (Präteritum) über ein Ereignis. Dabei müssen alle wichtigen Einzelheiten erwähnt werden. In einem Bericht darf keine Spannungskurve aufgebaut werden. Deshalb gehst du in einem Bericht weder auf Gedanken noch auf Gefühle von Personen ein und verwendest auch keine wörtliche Rede.

Nun kannst du sicher die folgenden Fragen beantworten, um zu zeigen, dass du den Unterschied zwischen Bericht und Erzählung verstanden hast. Versuche die Aufgaben selbstständig zu lösen, bevor du deine Vorschläge mit den Lösungen vergleichst.

**7.** Überlege, wo sich folgende Stichworte zuordnen lassen. Passen sie zum Bericht, zur Erzählung oder zu beiden Aufsatzarten? Kreuze an.

| | | Erzählung | Bericht |
|---|---|---|---|
| a) | Spannungskurve | ❐ | ❐ |
| b) | Knapper, sachlicher Stil | ❐ | ❐ |
| c) | Verwendung wörtlicher Rede | ❐ | ❐ |
| d) | Höhepunkt | ❐ | ❐ |
| e) | Verwendung des Präteritums | ❐ | ❐ |
| f) | Weitergabe von genauen Informationen | ❐ | ❐ |
| g) | Wiedergabe von Gefühlen und Gedanken | ❐ | ❐ |
| h) | Ziel: Unterhaltung | ❐ | ❐ |

Du hast die richtigen Lösungen sicher schnell gefunden. Bei a, c, d, g und h musst du *Erzählung* ankreuzen, b und f gehören zum *Bericht*. Und wie ist es bei der Verwendung des Präteriums unter e? Richtig! Hier musst du beides ankreuzen, denn diese Zeitstufe gilt für beide Aufsatzarten.

**8.** Welche Sätze gehören zu einem Bericht, welche zu einer Erzählung? Ordne zu und begründe jeweils kurz deine Meinung. Schreibe deine Vorschläge auf die Zeilen.

a) *Als ich gestern Nacht meine Wohnung betrat, blieb mir vor Schreck fast das Herz stehen, denn ich hörte Schritte aus dem Wohnzimmer.*

______________________________

______________________________

______________________________

b) *Beim Betreten meiner Wohnung am 26. Juni gegen 22 Uhr vernahm ich Schritte aus dem Wohnzimmer.*

c) *Als ich das verbogene Fahrrad und das verbeulte Auto in der Kreuzung stehen sah, dachte ich: Hoffentlich ist dem Radler nichts passiert!*

d) *Auf der Kreuzung Münchner Straße / Dachauer Straße sah ich ein verbogenes Fahrrad liegen. Daneben stand ein beschädigtes Auto.*

e) *Ich wollte mir die Unfallstelle genauer ansehen, doch ein Polizist forderte mich zum Weitergehen auf.*

f) *Ich wollte den Ort des Geschehens näher in Augenschein nehmen. Da rief mir ein Polizist zu: „Geh bitte weiter!“*

________________________________________

________________________________________

________________________________________

g) *Hoffentlich habe ich nie so einen Fahrradunfall, dachte ich ängstlich und fuhr mit meinem Rad vorsichtig weiter.*

________________________________________

________________________________________

________________________________________

Hast du alle Lösungen gefunden? Vergleiche deine Vorschläge jetzt mit den folgenden Erklärungen.

- Satz a gehört zu einer Erzählung, denn es werden Gefühle wiedergegeben: *blieb mir vor Schreck fast das Herz stehen.*
- Satz b gehört zu einem Bericht; Zeit und Datum werden exakt angegeben: *am 26. Juni gegen 22 Uhr.*
- Satz c gehört zu einer Erzählung, denn er enthält einen Gedanken: *… dachte ich: Hoffentlich ist dem Radler nichts passiert!*
- Satz d gehört zu einem Bericht; der Ort des Unfalls wird genau angegeben.
- Satz e gehört zu einem Bericht; es wird (in einem längeren Satz) sachlich geschildert, was passiert.
- Satz f gehört zu einer Erzählung, denn er enthält (in zwei kürzeren Sätzen) eine wörtliche Rede: „*Geh bitte weiter!*“
- Satz g gehört ebenfalls zu einer Erzählung; er enthält Gedanken: *Hoffentlich habe ich nie so einen Fahrradunfall, dachte ich ängstlich* – sowie mit dem Wort *vorsichtig* den Ausdruck eines Gefühls.

## 2 Der Bericht in unserem Alltag

Der Bericht ist nicht nur eine Aufsatzform in der Schule. Wenn du kurz nachdenkst, fallen dir bestimmt viele Gelegenheiten in unserem Alltag ein, bei denen wir berichten – und nicht erzählen. Ein paar Beispiele:

- Beteiligte erklären der Polizei den Hergang eines Verkehrsunfalls.
- Jemand meldet einen Diebstahl oder Einbruch und beschreibt den Tathergang.
- Beim Fußballspielen hat ein Junge die Fensterscheibe im Nachbarhaus zertrümmert. Seine Eltern rufen die Versicherung an und beschreiben den Vorfall.
- Ein Zeuge sagt vor Gericht aus.
- Die Zeitung berichtet über das Musikfest am letzten Wochenende.

Du siehst, dass Berichte sowohl in mündlicher Form (Zeugenaussage) als auch schriftlich (Zeitungsbericht) vorkommen. Schlag einfach mal die Tageszeitung auf und lies einige Artikel durch. Pass aber genau auf: Gerade in Zeitungen findest du oft keine reinen Berichte. Das hat folgenden Grund: Stell dir vor, in der Zeitung kämen nur sachliche Berichte ohne Bilder und Ausschmückungen vor. Wahrscheinlich würden dann nur noch sehr wenige Leute Zeitung lesen, denn es wäre ihnen zu langweilig. Eine Zeitung soll ja nicht nur sachlich informieren, sondern den Leser auch unterhalten.

**9.** Lies den folgenden Zeitungsartikel durch und überlege, welche Textstellen nicht in einen Bericht, sondern in eine Erzählung gehören.

„Mediatoren statt Gladiatoren" heißt eine neuer Leitspruch am Erdinger Gymnasium. In der Schulaula stellten sich kürzlich 16 frisch gebackene Streitschlichter vor, die seit September freiwillig an einer Ausbildung teilgenommen hatten, um in Konfliktfällen als unparteiische Dritte zwischen den Fronten vermitteln zu können.

Brechend voll war die Aula, als sich die Konfliktlotsen nach einem schwungvollen, von Beratungslehrer Gerhard Völkl gespielten Boogie den Schülerinnen und Schülern der Klassen fünf bis acht präsentierten. Direktor Ulrich Bartl ermunterte die Mediatoren in einer kurzen Einführung, selbst einige Worte zu sagen, damit die Schülerinnen und Schüler wissen, an wen sie sich wenden können, wenn es Streit gibt. Die Projektleiter, Helga Brinkmann und Heinrich Hopfner, gaben einige Erklärungen zur Organisation.

Konflikte zwischen Schülerinnen und Schülern gab es schon immer. Bisher war es Aufgabe der Lehrer, einzugreifen und drohende Gewalt zu unterbinden. Die Streitenden trennten sich notgedrungen, sich gegenseitig beschuldigend oder halbherzige Entschuldigungen stammelnd und die vermeintlich Schuldigen wurden mitunter gerügt. Damit war die Situation zwar formell geregelt, oft aber der Konflikt nicht wirklich gelöst.

An dieser Stelle setzt das Mediationskonzept an. Schülerinnen und Schüler, die ein Problem miteinander haben, sollen eine Chance bekommen, Lösungen unter ihresgleichen zu finden, statt Konflikte entweder zu unterdrücken oder sie eskalieren zu lassen. Die Erfahrung hat gezeigt, dass Jugendliche die Gefühlsausbrüche ihrer Schulkameraden oft besser verstehen als Erwachsene und im Stande sind, Konflikte fair zu lösen.

Fast ein Jahr lang war das Thema ausgiebig in der Lehrerschaft des Gymnasiums diskutiert worden, heute genießt es im Kollegium eine breite Akzeptanz. Schließlich gehören Mut und Vertrauen dazu, ernsthaft Verantwortung zu übertragen und die soziale Kompetenz der Schülerinnen und Schüler einzufordern. Ziel des Projektes ist es, dass störende Konflikte und Aggressivität langfristig zurückgehen und sich eine neue Streitkultur an der Schule entfaltet.

Vieles an diesem Artikel ist typisch für einen Bericht. Dazu gehört zum Beispiel die sachliche Wortwahl. Beim Textaufbau kannst du erkennen, dass der Schreiber am Anfang die Ereignisse in der Aula beschreibt. Nach dem zweiten Absatz bricht er den Bericht jedoch ab, um dem Leser zu erklären, worum es bei der Veranstaltung ging. Besonders bei schwierigen Themen – wie der Einführung der Mediatoren – benötigen Leser Hintergrundwissen, um Texte wie diesen verstehen zu können. Der Autor berichtet anschließend nicht mehr über den weiteren Verlauf der Veranstaltung. Dennoch hat er sein Ziel, den Leser über das neue Projekt zu informieren, erreicht.

Typisch für einen Zeitungsbericht ist der erste Abschnitt. Hier wird dem Leser grundsätzlich mitgeteilt, worum es in dem Text geht. Aufgrund dieser Kurzinformationen kann er nun entscheiden, ob er weiterlesen will. Berichte sind immer so aufgebaut. Sie enthalten in der Einleitung die wichtigsten Informationen zur Orientierung des Lesers: Wann ist etwas geschehen? Wo hat es stattgefunden? Wer war beteiligt? Was ist geschehen?

In den folgenden Absätzen weicht der Autor vom typischen Berichtstil ab. Er berichtet nicht mehr über die Veranstaltung, sondern erklärt Sinn und Zweck des Mediationsprojektes. Das ist in diesem Fall notwendig, da die meisten Leser sich unter diesem Begriff nichts oder nur sehr wenig vorstellen können. Danach erzählt der Verfasser, wie das Projekt am Erdinger Gymnasium entstanden ist.

# 3 Die sechs W-Fragen

Das wichtigste Ziel eines Berichts besteht darin, andere Menschen über ein Ereignis sachlich zu informieren. Deswegen muss ein Bericht Antworten auf viele wichtige Fragen geben.

Erinnere dich an die Bildergeschichte auf Seite 6f.: Herr Maier und sein Sohn Jens haben den Einbrecher überlistet und gefesselt. Jetzt rufen sie bei der Polizei an. Die Polizisten wollen zunächst wissen, warum Herr Maier anruft. Er muss also erklären, dass es sich um einen Einbruch handelt, dass der Dieb überwältigt und gefesselt wurde. Damit die Polizisten zur Wohnung finden, muss Herr Maier seinen Namen und seine genaue Adresse angeben. Wahrscheinlich fragen die Polizisten auch nach den Folgen des Einbruchs, zum Beispiel ob jemand verletzt wurde und ein Krankenwagen gerufen werden muss.

**Wichtig**

Ein Bericht beantwortet normalerweise diese sechs Fragen:

| | | |
|---|---|---|
| ① **Wer** war an dem Ereignis beteiligt? | ▶ | Personen |
| ② **Wo** hat das Ereignis stattgefunden? | ▶ | Ort |
| ③ **Wann** ist das Ereignis passiert? | ▶ | Zeit |
| ④ **Was** ist geschehen? | ▶ | Geschehen |
| ⑤ **Wie** ist das Ereignis abgelaufen? | ▶ | Ablauf |
| ⑥ **Welche Folgen** hatte das Ereignis? | ▶ | Folgen |

Da die Fragen jeweils mit einem Fragewort beginnen, das mit dem Buchstaben W anfängt, nennen wir diese Fragen **W-Fragen**.

Betrachten wir nun die sechs W-Fragen genauer:

### ① Wer war an dem Ereignis beteiligt?

Hier wird nach den beteiligten Personen gefragt. Dabei ist es wichtig, nur die Hauptpersonen zu nennen, um den Leser des Berichts nicht zu verwirren. Geht es beispielsweise um einen Verkehrsunfall zwischen zwei Autofahrern, so sind deren Namen wichtig – nicht aber die Namen der herbeigerufenen Polizisten. Im Bericht über einen Unfall im Sportunterricht nennst du den Namen des verunglückten Schülers oder der Schülerin, nicht aber den des Lehrers, des Arztes oder des Krankenwagenfahrers.

### ② Wo hat das Ereignis stattgefunden?

Hier wird nach dem Ort des Geschehens gefragt. Er muss so genau wie möglich angegeben werden. Geht es um einen Einbruch in eine Wohnung, nennst du Ort, Straße und Hausnummer. Im Bericht über einen Verkehrsunfall an einer Straßenkreuzung gibst du die Namen der Straßen und den Ort an, zum Beispiel: *Der Unfall ereignete sich an der Kreuzung Berliner Straße und Rosenstraße in Hamburg.* Hat sich der Unfall auf einer längeren Straße ereignet, gibst du an, auf welcher Höhe und in welcher Fahrtrichtung er passiert ist, zum Beispiel: *in der Lerchenallee auf Höhe des Postamts / auf der A 9 in Richtung München zwischen den Ausfahrten Greding und Altmühltal.*

### ③ Wann ist das Ereignis passiert?

Hier wird nach dem genauen Zeitpunkt des Geschehens gefragt. Du nennst das Datum (Tag, Monat, Jahr) und – wenn möglich – die Uhrzeit. So könnte es etwa heißen: *Der Unfall ereignete sich am 30. Mai 1999 um 12 Uhr 15.*

### ④ Was ist geschehen?

Hier wird nach der Art des Ereignisses gefragt. Du informierst also den Leser darüber, ob es sich beispielsweise um einen Verkehrsunfall, einen Einbruch in eine Wohnung, ein Rockkonzert oder einen Sportunfall handelt. Dabei ist es wichtig, diese Frage zunächst recht knapp zu beantworten, denn im Folgenden wird ja noch genauer über das Ereignis berichtet. Dennoch sollte schon zu Beginn der Ausgang des Geschehens erwähnt werden: ob der Einbrecher gefasst oder beim Unfall jemand verletzt wurde. Dies ist sinnvoll, um den Aufbau von Spannung zu vermeiden – Spannung gehört, wie du ja weißt, nicht in den Bericht. Der Leser soll möglichst rasch erfahren, wie die Sache ausgegangen ist, aber trotzdem in Ruhe auf die wichtigen Einzelinformationen achten können.

### ⑤ Wie ist das Ereignis abgelaufen?

Nun geht es darum, den genauen Verlauf des Ereignisses zu berichten. Dabei ist es wichtig, sich an den genauen zeitlichen Ablauf zu halten. Du berichtest also nacheinander in der Reihenfolge, in der das Geschehen passiert ist. Natürlich musst du darauf achten, vollständig zu berichten und keine wichtigen Handlungsschritte wegzulassen. Denke aber daran, dass du nur die für die Handlung wichtigen Tatsachen berichtest. Im Bericht zur Bildergeschichte auf Seite 6f. muss beispielsweise erwähnt werden, dass der Dieb nur Socken trug. Mit Schuhen hätte er die Reißzwecke bestimmt nicht gespürt und hätte somit nicht überwältigt werden können. Unwichtig hingegen ist, dass Vater und Sohn Nachthemden statt Schlafanzüge trugen, denn diese Einzelheit ist für den Ablauf der Handlung nicht entscheidend. Am Ausgang der Geschichte hätte sich nichts geändert.

### (6) Welche Folgen hatte das Ereignis?

Hier geht es darum, welche Folgen das Ereignis hat. Berichtest du beispielsweise über einen Verkehrsunfall, so musst du mitteilen, ob dabei jemand verletzt wurde und – wenn ja – welche Art von Verletzungen dieser Unfallbeteiligte erlitten hat: *Der Unfallverursacher hat durch den Aufprall eine Gehirnerschütterung erlitten.* Mögliche Sachschäden gehören ebenfalls dazu: *Sein Wagen hatte Totalschaden und musste mit einem Abschleppwagen abtransportiert werden.*

**10.** Schau dir nun den Bericht von Johann Maier noch einmal genau an. Achte vor allem darauf, wie die einzelnen W-Fragen beantwortet werden. Schreibe danach die Antworten auf alle W-Fragen in Stichwortform auf ein Blatt Papier. Denke daran, dass die Antwort auf die Frage *Wie?* mehrere Punkte umfasst.

Wann? / Wer? / Wo? / Was?

Letzte Nacht, also vom 3. auf den 4. Juni 2000, gelang es mir, Johann Maier, und meinem zehnjährigen Sohn Jens, gegen 1 Uhr in unserer Wohnung in der Nürnberger Straße 14 durch eine List einen bewaffneten Einbrecher zu überwältigen.

Wie?

Nachdem wir gegen 21 Uhr zu Bett gegangen waren, erwachten wir etwa vier Stunden später durch ein ungewohntes Geräusch. Ich nahm meinen Revolver aus der Nachttischschublade und mein Sohn und ich verschanzten uns hinter dem Bett. Wenige Sekunden später betrat ein mit einer Pistole bewaffneter und mit einem schwarzen Halstuch maskierter Mann unser Schlafzimmer. Als er uns mit seiner Waffe bedrohte und schließlich auf uns schoss, gebrauchte auch ich meine Waffe. Es gelang mir zwar, den Dieb auf den Gang zurückzudrängen, jedoch nicht, ihn zu überwältigen. Da sah ich, wie mein Sohn vom Einbrecher unbemerkt eine Reißzwecke mit der Spitze nach oben auf den Boden im Gang warf. Als wir uns daraufhin rasch ins Badezimmer zurückzogen, setzte uns der Einbrecher hinterher, wobei er immer noch auf uns schoss. Dabei trat der Dieb, der, um keine Geräusche zu verursachen, nur Socken trug, auf die Reißzwecke. Vom Schmerz überwältigt ließ er seine Waffe fallen und stürzte zu Boden. So konnten wir den jetzt wehrlosen Einbrecher überwältigen und ihn mit einer

| | |
|---|---|
| Welche Folgen? | Wäscheleine fesseln. Dann alarmierten wir telefonisch die Polizei. Nach etwa zehn Minuten kamen zwei Beamte, die den Einbrecher abführten.<br><br>Mein Sohn und ich blieben unverletzt, doch unsere Wohnung wurde durch die Einschüsse in Wände und Türen stark beschädigt. |

Deine Notizen sollten etwa so aussehen:

| *W-Fragen* | *Antworten* |
|---|---|
| *Wo?* | *Wohnung Nürnberger Straße 14* |
| *Wann?* | *Nacht vom 3. auf 4. Juni 2000 gegen 1 Uhr* |
| *Wer?* | *Jens und Johann Maier; Einbrecher* |
| *Was?* | *Einbrecher wird durch eine List überwältigt.* |
| *Wie?* | – *Eindringen des Einbrechers in die Wohnung*<br>– *Aufwachen von Vater und Sohn*<br>– *Schusswechsel (Schlafzimmer und Gang)*<br>– *Werfen der Reißzwecke mit der Spitze nach oben auf den Boden im Gang*<br>– *Rückzug von Vater und Sohn*<br>– *Tritt des Einbrechers, der nur Socken trug, auf die Reißzwecke*<br>– *Fesseln des wehrlosen Einbrechers*<br>– *Alarmieren der Polizei* |
| *Welche Folgen?* | – *Keine Verletzungen bei Vater und Sohn*<br>– *Einschusslöcher in der Wohnung*<br>– *Verhaftung des Einbrechers* |

**Wichtig**

Das Ziel eines Berichts besteht darin, andere genau über Ereignisse zu informieren. Daher sollte jeder Bericht die sechs W-Fragen genau beantworten:

| | | |
|---|---|---|
| Wer? | ▶ | Personen |
| Wo? | ▶ | Ort |
| Wann? | ▶ | Zeit |
| Was? | ▶ | Geschehen |
| Wie? | ▶ | Ablauf des Ereignisses |
| Welche Folgen? | ▶ | Folgen des Ereignisses |

Am besten lernst du diese Fragen auswendig, damit du keine wichtigen Informationen in deinem Bericht vergisst.
Natürlich kann es vorkommen, dass die Antwort auf eine der W-Fragen fehlt, wenn die eine oder andere Information nicht bekannt ist.

**11.** Nun kannst du testen, ob du alles verstanden hast. Schreibe zu den beiden „tierischen" Zeitungsberichten einen Stichwortzettel mit allen W-Fragen und Antworten. Probiere es zuerst selbstständig und vergleiche danach deine Vorschläge mit den Lösungen.

**Text I**

Großes Glück hatte am 13. 7. 2000 die 13-jährige Susanne S. aus Köln, deren Hund mit dem Kopf in einem Einmachglas stecken geblieben war und von einem herbeigerufenen Tierarzt befreit werden konnte.

Der junge Schäferhund schlich sich unbemerkt in die Küche, wo die leeren Einmachgläser auf dem Boden standen. Aus Neugier steckte das Tier den Kopf in eines der Gläser und blieb darin stecken. Nachdem es Susanne S. nicht gelang, ihren Liebling zu befreien, rief sie einen Tierarzt. Dieser rieb den Kopf des verängstigten Tieres vorsichtig mit Öl ein und konnte ihn dadurch aus dem Glas ziehen. Der Hund blieb unverletzt.

**Text II**

Am 26. 7. 2000 konnte das fünf Tage zuvor in Fürth aus dem Zirkus „Glückspilz" ausgebrochene Zwergnilpferd Lisbeth eingefangen werden. Das Tier hatte in den letzten Tagen in der Stadt für große Aufregung gesorgt.

Das Tier entkam, nachdem am Sonntagmorgen ein Angestellter des Zirkus nach der Fütterung vergessen hatte, die Käfigtür zu schließen. Erst am frühen Nachmittag wurde das Verschwinden des Tieres bemerkt. In den folgenden Tagen suchten Zirkusleute, Polizei und die Fürther Bevölkerung eifrig nach dem Zwergnilpferd, das immer wieder an verschiedenen Stellen beim Baden in den nahe gelegenen Flüssen beobachtet wurde, jedoch nicht eingefangen werden konnte. Nach einem Hinweis der zwölfjährigen Schülerin Marion S., die Lisbeth in der Pegnitz beim Baden gesichtet hatte, gelang es zwei Zirkusangestellten und mehreren Feuerwehrleuten gestern Nachmittag endlich, das Tier mit Hilfe mehrerer Netze aus dem Fluss zu holen und wieder in seinen Käfig zu bringen.

Weder das Nilpferd noch die Helfer wurden bei der Aktion verletzt. Sofort nach Bekanntwerden des Nilpferdfangs herrschte großer Andrang an den Zirkuskassen. Alle Vorstellungen in Fürth sind seit gestern restlos ausverkauft.

Zu Text I sollte Folgendes auf deinem Notizzettel stehen:

| | |
|---|---|
| Wer? | Susanne S., 13 Jahre alt |
| Wo? | Köln |
| Wann? | 13. 7. 2000 |
| Was? | Hund bleibt mit dem Kopf im Einmachglas stecken und wird befreit |
| Wie? | – Hund bleibt mit dem Kopf im Glas stecken<br>– Mädchen versucht vergeblich, den Hund zu befreien und ruft schließlich Tierarzt<br>– Tierarzt reibt Kopf des Hundes mit Öl ein<br>– Tierarzt befreit das Tier |
| Welche Folgen? | Hund bleibt unverletzt |

Zu Text II sollte Folgendes auf deinem Notizzettel stehen:

| | |
|---|---|
| *Wer?* | *Zwergnilpferd Lisbeth;*<br>*Schülerin Marion S., 12 Jahre alt* |
| *Wo?* | *Fürth* |
| *Wann?* | *26. 7. 2000* |
| *Was?* | *Aus dem Zirkus ausgebrochenes*<br>*Zwergnilpferd wird wieder eingefangen* |
| *Wie?* | – *Entkommen des Nilpferds*<br>– *Bemerken seines Verschwindens*<br>– *Suche nach dem Tier*<br>– *Beobachten des Nilpferds beim Baden im Fluss*<br>– *Hinweis der Schülerin Marion S.*<br>– *Einfangen des Tieres*<br>– *Zurückbringen des Tieres in den Zirkus* |
| *Welche Folgen?* | – *Helfer und Tier unverletzt*<br>– *Alle Zirkusvorstellungen ausverkauft* |

# 4 Der Aufbau des Berichts

Im letzten Kapitel hast du gesehen, dass ein Bericht die sechs W-Fragen genau beantworten muss. Nun geht es darum, in welcher Reihenfolge du diese Fragen beantwortest. Für den Aufbau eines Berichts gibt es natürlich Regeln.

Wie jede andere Aufsatzart gliedert sich ein Bericht in drei Teile: Einleitung, Hauptteil und Schluss. Diese drei Teile haben ganz bestimmte Aufgaben zu erfüllen.

- Die Einleitung soll den Leser zum Thema hinführen. Sie gibt Auskunft darüber, wovon der Text handelt. Daher sollte sie dem Leser auf einen Blick die wichtigsten Informationen bieten: beteiligte Hauptpersonen, Ort, Zeitpunkt und Art des Geschehens. Die Reihenfolge der Beantwortung dieser vier Fragen spielt keine Rolle.

- Der Hauptteil ist der längste und wichtigste Teil jedes Aufsatzes. Er enthält den Ablauf des Ereignisses. Damit der Leser den Überblick nicht verliert, wird das Ereignis in der richtigen zeitlichen Reihenfolge – vom Beginn bis zum Ende – dargestellt. Der Hauptteil sollte einerseits alle wichtigen Handlungsschritte enthalten, andererseits jedoch nicht zu ausführlich sein, um den Leser nicht zu langweilen. Du musst also prüfen, ob Informationen für den Verlauf der Handlung wichtig sind.

- Der Schluss beendet den Bericht angemessen und rundet ihn ab, indem er von den Folgen des Geschehens berichtet.

Während Einleitung und Schluss oft nur aus ein bis zwei Sätzen bestehen, ist der Hauptteil der längste Teil des Berichts. Um dem Leser den Überblick über den Text zu erleichtern, ist es wichtig, die drei Teile des Berichts durch Absätze deutlich voneinander zu trennen.

Die sechs W-Fragen sollten in bestimmten Teilen des Berichts beantwortet werden. Schau dir dazu den Dackel POZGAF an:

Einleitung | Hauptteil | Schluss

**P**erson
**O**rt
**Z**eit
**G**eschehen

**A**blauf

**F**olgen

POZGAF zeigt dir die Reihenfolge, in der du die verschiedenen W-Fragen im Bericht beantworten sollst. Sein Körper ist der längste Teil – also der Hauptteil des Aufsatzes. Einleitung (Kopf) und Schluss (Schwanz) sind erheblich kürzer. Die einzelnen Teile werden durch die Beine – die Absätze im Bericht – voneinander abgegrenzt.
Wie du weißt, hat der Bericht keine Spannungskurve. So können wir den Bericht nicht wie die Erzählung durch eine Erzählmaus mit rundem, ansteigendem Rücken darstellen. Der Bericht ist flach – ohne Spannungskurve –, so flach wie der Rücken von POZGAF.

Schauen wir uns noch einmal den Bericht von Johann Maier zur Bildergeschichte auf Seite 6f. an. Hier siehst du deutlich die Trennung in Einleitung, Hauptteil und Schluss sowie die Einteilung von POZGAF:

## Einleitung

Personen
Ort
Zeit
Geschehen

Letzte Nacht, also vom 3. auf den 4. Juni 2000, gelang es mir, Johann Maier, und meinem zehnjährigen Sohn Jens, gegen 1 Uhr in unserer Wohnung in der Nürnberger Straße 14 durch eine List einen bewaffneten Einbrecher zu überwältigen.

## Hauptteil

Ablauf

Nachdem wir gegen 21 Uhr zu Bett gegangen waren, erwachten wir etwa vier Stunden später durch ein ungewohntes Geräusch. Ich nahm meinen Revolver aus der Nachttischschublade und mein Sohn und ich verschanzten uns hinter dem Bett. Wenige Sekunden später betrat ein mit einer Pistole bewaffneter und mit einem schwarzen Halstuch maskierter Mann unser Schlafzimmer. Als er uns mit seiner Waffe bedrohte und schließlich auf uns schoss, gebrauchte auch ich meine Waffe. Es gelang mir zwar, den Dieb auf den Gang zurückzudrängen, jedoch nicht, ihn zu überwältigen. Da sah ich, wie mein Sohn vom Einbrecher unbemerkt eine Reißzwecke mit der Spitze nach oben auf den Boden im Gang warf. Als wir uns daraufhin rasch ins Badezimmer zurückzogen, setzte uns der Einbrecher hinterher, wobei er immer noch auf uns schoss. Dabei trat der Dieb, der, um keine Geräusche zu verursachen, nur Socken trug, auf die Reißzwecke. Vom Schmerz überwältigt ließ er seine Waffe fallen und stürzte zu Boden. So konnten wir den jetzt wehrlosen Einbrecher überwältigen und ihn mit einer Wäscheleine fesseln. Dann alarmierten wir telefonisch die Polizei. Nach etwa zehn Minuten kamen zwei Beamte, die den Einbrecher abführten.

## Schluss

Folgen

Mein Sohn und ich blieben unverletzt, doch unsere Wohnung wurde durch die Einschüsse in Wände und Türen stark beschädigt.

**Wichtig**

Jeder Bericht besteht aus den drei Teilen Einleitung, Hauptteil und Schluss. Diese werden durch Absätze deutlich voneinander getrennt. Die sechs W-Fragen müssen in folgenden Teilen des Aufsatzes beantwortet werden:

**Einleitung**

| | | |
|---|---|---|
| Wer war an dem Ereignis beteiligt? | ▶ | Personen |
| Wo hat das Ereignis stattgefunden? | ▶ | Ort |
| Wann ist das Ereignis passiert? | ▶ | Zeit |
| Was ist geschehen? | ▶ | Geschehen |

**Hauptteil**

| | | |
|---|---|---|
| Wie ist das Ereignis abgelaufen? | ▶ | Ablauf |

**Schluss**

| | | |
|---|---|---|
| Welche Folgen hatte das Ereignis? | ▶ | Folgen |

**12.** Ordne diese durcheinander geratenen Informationen den drei Teilen eines Aufsatzes (Einleitung, Hauptteil, Schluss) zu. Überlege dir dabei, auf welche der sechs W-Fragen die Informationen jeweils antworten. Schreibe deine Vorschläge auf die Zeilen und vergleiche sie erst danach mit den Lösungen.

a) Kind erleidet Beinbruch, Prellungen und Gehirnerschütterung

*Folgen des Ereignisses – Schluss*

b) 18. 9. 2000, Montag, 13 Uhr

________________________________________

c) neben dem Auto fahrendes Kind auf Fahrrad übersehen

________________________________________

d) Hannover, Kreuzung Rosenstraße / Nelkenweg

________________________________________

e) Autofahrer will nach rechts abbiegen

________________________________________

f) Autofahrer blieb unverletzt

________________________________________

g) Johanna G., 8 Jahre

________________________________________

h) Auto streift Fahrrad beim Abbiegen; Kind stürzt

________________________________________

i) Walter N., Autofahrer

________________________________________

j) Fußgänger verständigt Polizei; Kind mit Krankenwagen ins Krankenhaus gebracht

________________________________________

k) Fahrrad beschädigt; Kratzer am rechten Kotflügel des Autos

________________________________________

l) Autofahrer fährt beim Abbiegen Kind auf Fahrrad an, das sich beim Sturz verletzt

________________________________________

So sollten deine Lösungen aussehen:

a) Folgen des Ereignisses – Schluss
b) Zeitangabe – Einleitung
c) Ablauf des Ereignisses – Hauptteil
d) Ortsangabe – Einleitung
e) Ablauf des Ereignisses – Hauptteil
f) Folgen des Ereignisses – Schluss
g) Person – Einleitung
h) Ablauf des Ereignisses – Hauptteil
i) Person – Einleitung
j) Ablauf des Ereignisses – Hauptteil
k) Folgen des Ereignisses – Schluss
l) Art des Geschehens – Einleitung

# 5 Die Perspektive des Berichts

Erinnerst du dich an die Erzählung von Jens Maier und an den Bericht seines Vaters zur Bildergeschichte auf Seite 6f.? Wir haben beide Texte miteinander verglichen und viele Unterschiede festgestellt. Auf einen wichtigen Punkt haben wir jedoch noch nicht geachtet. Lies zunächst die folgenden Sätze und überlege dir, wer von den beiden – Vater oder Sohn – sie wohl gesagt hat:

> Ich nahm meinen Revolver aus der Nachttischschublade.

> Vorsichtig schlich ich mich an meinem Vater vorbei. Nun warf ich die Reißzwecke mit der Spitze nach oben im Gang auf den Boden.

Auch wenn in den Sätzen nur von *ich* die Rede ist, wissen wir aufgrund unserer Kenntnis der Bildergeschichte ganz schnell, dass der erste Satz vom Vater, die beiden anderen Sätzen von Jens stammen. Dies können wir jedoch nur deshalb so genau sagen, weil wir den Ablauf der Ereignisse kennen. Jemand, der die Geschichte nicht kennt, weiß nicht, ob hier Vater oder Sohn spricht, denn beide verwenden das Personalpronomen *ich*, wenn sie von sich selbst sprechen:

> Ich nahm meinen Revolver aus der Nachttischschublade.

> Vorsichtig schlich ich mich an meinem Vater vorbei. Nun warf ich die Reißzwecke mit der Spitze nach oben im Gang auf den Boden.

Die Ich-Perspektive verwenden wir immer bei Unfallberichten. Hier sollen wir ja unsere Sicht der Dinge wiedergeben. Die Frage lautet: Wie habe ich als Zeuge oder als Beteiligter den Unfallhergang beobachtet? Oft ergeben erst mehrere verschiedene Berichte aus der Ich-Perspektive ein vollständiges Bild vom Hergang eines Unfalls, da jeder der Anwesenden oder Beteiligten andere Einzelheiten beobachtet hat.

**Wichtig**

Wenn wir von Erlebnissen erzählen oder über Ereignisse berichten, tun wir dies oft aus unserer Sicht. Wir geben weiter, was wir beobachtet, erlebt oder gefühlt haben. Man nennt das Erzählen aus der eigenen Sichtweise *das Erzählen aus der Ich-Perspektive*. Wir verwenden hierfür die Personal- und Possessivpronomen in der 1. Person, zum Beispiel *ich, mir, mich, mein.*

Auch die folgenden beiden Sätze entstammen Berichten über den Einbruch in die Wohnung der Maiers. Überlege wieder, wer jeweils spricht:

Nachdem ich die Tür leise mit einem Dietrich geöffnet hatte, betrat ich die Wohnung mit dem Revolver in der Hand auf leisen Strumpfsohlen, um die Bewohner nicht zu wecken.

Nachdem Herr Maier die Tür geöffnet hatte, führte er mich in den Gang, wo der gefesselte Dieb auf dem Boden lag und vor Schmerzen laut stöhnte, da die Reißzwecke noch immer in seiner Ferse steckte.

Da du die Geschichte kennst, hast du bestimmt gleich gemerkt, dass der erste Satz vom Einbrecher stammt und der zweite vom Polizisten, der ihn bei Maiers abholt. Beide berichten ebenfalls aus der Ich-Perspektive.

Ist es hier sinnvoll, einen kompletten Bericht aus der Sicht des Polizisten über den Einbruch zu schreiben? – Nein, sicher nicht. Wenn du die Bildergeschichte auf Seite 6f. betrachtest, kannst du erkennen, dass ein Polizist dort nirgends zu sehen ist. Er hat also den Einbruch nicht erlebt und kann deshalb nicht darüber berichten. Interessanter ist da schon ein Bericht aus der Sicht des Einbrechers, der ja am Geschehen direkt beteiligt war.

**13.** Probier es aus. Schau dir die Bildergeschichte auf Seite 6f. noch einmal genau an und schreibe einen Bericht aus der Sicht des Einbrechers auf ein Blatt Papier. Vergleiche anschließend deine Ideen mit dem folgenden Lösungsvorschlag.

| | |
|---|---|
| Einleitung | Letzte Nacht, also vom 3. auf den 4. Juni 2000, wurde ich gegen 1 Uhr bei einem Einbruch in die Wohnung von Herrn Johann Maier und seinem Sohn Jens in der Nürnberger Straße 14 überwältigt und von der Polizei festgenommen. |
| Hauptteil | Nachdem ich die Tür leise mit einem Dietrich geöffnet hatte, betrat ich die Wohnung mit dem Revolver in der Hand auf leisen Strumpfsohlen, um die Bewohner nicht zu wecken. Als ich ins Schlafzimmer ging, sah ich, dass sich ein Mann und sein Sohn hinter einem Bett verschanzt hatten. Ich bedrohte beide mit meiner Waffe und schoss dann auf sie, woraufhin der Mann zurückschoss. Mit vorgehaltener Waffe drängte er mich auf den Gang der Wohnung zurück. Auf einmal zogen sich Vater und Sohn ins Badezimmer zurück. Ich setzte ihnen rasch hinterher. Dabei trat ich auf einen spitzen Gegenstand, der auf dem Boden lag und der sich tief in meinen Fuß bohrte. Vor Schmerz schrie ich laut auf, verlor meine Waffe und stürzte zu Boden. Da kamen die beiden Bewohner schnell angelaufen, überwältigten mich und fesselten mich schließlich mit einer Wäscheleine. Ich litt unter starken Schmerzen, da der Gegenstand immer noch in meinem Fuß steckte. Dann hörte ich die Bewohner telefonieren. Nach etwa zehn Minuten kamen zwei Polizeibeamte, die mich abführten und zur Polizeistation brachten, wo ich auch vernommen wurde. |
| Schluss | Der Gegenstand in meinem Fuß, eine Reißzwecke, wurde in der Polizeistation von einem Arzt entfernt. Nun erwartet mich eine längere Haftstrafe. |

Ganz anders wird in der Zeitung berichtet. Wenn du Zeitungsartikel liest, wirst du schnell erkennen, dass diese nicht in der Ich-Perspektive verfasst sind. Das liegt daran, dass die Zeitungsreporter bei Ereignissen wie Unfällen, Bränden oder Einbrüchen selten selbst anwesend sind, aber dennoch die Aufgabe haben, darüber zu berichten. Daher befragen sie anschließend die beteiligten Personen oder die Zuschauer ganz genau, um gut über die Geschehnisse informiert zu sein.

Ein Zeitungsbericht über den Einbruch in die Wohnung der Maiers könnte etwa so aussehen:

In der Nacht vom 3. auf den 4. Juni gelang es Johann Maier und seinem sechsjährigen Sohn Jens, gegen 1 Uhr in ihrer Wohnung in der Nürnberger Straße durch eine List einen bewaffneten Einbrecher zu überwältigen.

Nachdem sie gegen 21 Uhr zu Bett gegangen waren, erwachten die beiden etwa vier Stunden später durch ein ungewohntes Geräusch. Herr Maier nahm seinen Revolver aus der Nachttischschublade. Sein Sohn und er verschanzten sich hinter dem Bett. Wenige Sekunden später betrat ein mit einer Pistole bewaffneter und mit einem schwarzen Halstuch maskierter Einbrecher das Schlafzimmer. Als er die beiden Bewohner mit seiner Waffe bedrohte und schließlich auf sie schoss, gebrauchte auch Herr Maier seine Waffe. Es gelang ihm, den Dieb auf den Gang zurückzudrängen. Sein Sohn warf kurz danach – vom Einbrecher unbemerkt – eine Reißzwecke mit der Spitze nach oben auf den Boden im Gang. Daraufhin zogen sich beide rasch ins Badezimmer zurück. Der Einbrecher setzte ihnen hinterher und trat dabei auf die Reißzwecke. Da er bei seinem Einbruch keinen Lärm verursachen wollte, trug er nur Socken und keine Schuhe. Die Reißzwecke bohrte sich daher in seinen Fuß. Durch den heftigen Schmerz ließ der Einbrecher seine Waffe fallen und stürzte zu Boden. Herr Maier und sein Sohn konnten ihn überwältigen und mit einer Wäscheleine fesseln. Dann alarmierten sie telefonisch die Polizei, die etwa zehn Minuten später eintraf und den Einbrecher verhaftete.

Herr Maier und sein Sohn blieben unverletzt. In der Wohnung entstand durch Einschüsse in Wände und Türen beträchtlicher Sachschaden. Den Einbrecher erwartet nun eine längere Haftstrafe.

Der Journalist, der den Bericht über den Einbruch bei Maiers für die Zeitung schrieb, war beim eigentlichen Geschehen nicht selbst dabei. Er kann also nicht aus der Ich-Perspektive berichten. Du erkennst das im Text: Der Autor verwendet Personal- und Possessivpronomen sowie die Verbformen in der 3. Person. Die Sichtweise, aus der ein Unbeteiligter über ein Ereignis berichtet, nennt man Er-Perspektive. Ein Beispiel:

Da er bei seinem Einbruch keinen Lärm verursachen wollte, trug er nur Socken und keine Schuhe. Die Reißzwecke bohrte sich daher in seinen Fuß.

**Wichtig**

**Einen Bericht kann man aus verschiedenen Perspektiven verfassen. Üblich für Unfallberichte ist die Ich-Perspektive, bei der ein Beteiligter aus seiner Sicht über die Ereignisse berichtet. In Zeitungsberichten jedoch gibt ein unbeteiligter Beobachter die Ereignisse aus der Er-Perspektive wieder. Je nach Erzählperspektive ändert sich der Inhalt eines Bericht, denn aus der Ich-Perspektive können nur Dinge wiedergegeben werden, die man selbst erlebt hat. Daneben kannst du die Erzählperspektive auch an Personalpronomen, Possessivpronomen und an der Personalform der Verben erkennen.**

**14.** Lies den folgenden Bericht und entscheide, aus welcher Perspektive er geschrieben wurde. Achte dabei besonders auf die Verwendung von Personal- und Possessivpronomen sowie auf die Verbformen. Wird hier aus der Ich- oder Er-Perspektive berichtet?

Einleitung

Am 26. Juni 2000 besuchte Familie Huber mit ihren Kindern Anna und Max in Begleitung ihres Hundes Schnauz am Nachmittag gegen 15 Uhr das Museum „Mensch und Natur" in München. Dort brachte der Hund der Familie durch das Herausziehen eines Beinknochens das Skelett eines Sauriers zum Einsturz.

Hauptteil

Im Museum „Mensch und Natur" besichtigte Familie Huber die Dinosaurier-Ausstellung. Während die Familie das Skelett eines großen Tyrannosaurus Rex bestaunte, knurrte ihr Hund Schnauz das Tier laut an. Als die Hubers in den nächsten Raum der Ausstellung gingen, bemerkten sie nicht, dass der Hund beim Skelett geblieben war. Auf einmal bebte der Boden leicht und sie vernahmen ein lautes Krachen. Es kam aus dem Nebenraum, in dem sie gerade gewesen waren. Sie eilten hinüber und sahen ihren Hund mit einem großen Oberschenkelknochen des

| | |
|---|---|
| | Dinosauriers im Maul vor dem eingestürzten Skelett sitzen. Die übrigen Teile des Skeletts lagen weit verstreut auf dem Boden. |
| Schluss | Ein rasch herbeigeeilter Aufseher stellte fest, dass die Dinosaurierknochen nicht beschädigt waren. Für den Wiederaufbau des Skeletts musste die Familie Huber 1000 DM bezahlen. Zusätzlich wurden sie vom Museumsleiter streng ermahnt, den Hund nicht mehr in die Ausstellung mitzubringen. |

Du hast die Lösung sicher schnell gefunden: Es wird aus der Er-Perspektive berichtet. Du erkennst es an den Verbformen in der 3. Person sowie an den Personalpronomen *(sie)* und Possessivpronomen *(ihr, ihren)*.

# 6 Die Sprache des Berichts

Wie du inzwischen weißt, soll der Bericht den Leser kurz und sachlich über ein Ereignis informieren. Dies stellt besondere Anforderungen an die Verwendung der Sprache. So ist es immer wieder nötig, dass du nach sachlichen und treffenden Begriffen suchst. Dabei bereiten vor allem die Verben Probleme. Außerdem ist es typisch für einen Bericht, häufig Satzgefüge (= Verbindung von Haupt- und Nebensätzen) zu verwenden. Oftmals brauchst du außerdem den so genannten Nominalstil, bei dem du Nebensätze durch Nomen (Substantive) ersetzt.

**Wichtig**

Typisch für die Sprache des Berichts sind:

- Sachlicher Stil und Verwendung von Fachbegriffen
- Genaue und treffende Ausdrucksweise, vor allem bei den Verben
- Verwendung von Satzgefügen (= Verbindung von Haupt- und Nebensätzen)
- Häufiger Gebrauch von Nomen/Substantiven (= Nominalstil)

Dieses Kapitel soll dir dabei helfen, den typischen Sprachstil des Berichts zu erkennen und selbst anzuwenden. Durch gezieltes Training kannst du dich hier sehr verbessern.

## *Verwendung von Fachbegriffen*

In Berichten solltest du keine umgangssprachlichen Ausdrücke verwenden. Sie werden durch treffende Fachbegriffe ersetzt. Dies entspricht dem sachlichen Stil eines Berichts und erleichtert die Verständlichkeit. Außerdem sind Fachbegriffe häufig genauer.

☹ Vater und Sohn gelang es, den Gauner zu überwältigen und zu fesseln.

☺ Vater und Sohn gelang es, den Einbrecher zu überwältigen und zu fesseln.

In einem Bericht ersetzt du den umgangssprachlichen Ausdruck *Gauner* durch *Einbrecher*.

☹ Der Polizist schrieb alles auf, was er über den Unfallhergang erfahren hatte.

☺ Der Polizist fertigte ein Unfallprotokoll an.

Durch den Ausdruck *ein Unfallprotokoll anfertigen* wird dein Bericht sachlicher, knapper und genauer.

☹ In dem Gewühl auf dem Weihnachtsmarkt entriss der Dieb der Frau die Handtasche.

☺ In der großen Menschenmenge auf dem Weihnachtsmarkt entriss der Dieb der Frau die Handtasche.

Das Wort *Gewühl* ist in einem Bericht zu ungenau (und umgangssprachlich), da es sich um eine große Gruppe Menschen handelt.

☹ Die Polizei sucht nach Zuschauern beim Unfall.

☺ Die Polizei sucht nach Unfallzeugen.

Menschen, die einen Unfall beobachten, sind Zeugen, keine Zuschauer. Durch das zusammengesetzte Nomen/Substantiv *Unfallzeugen* wird der Satz außerdem kürzer und klarer.

☹ Herr Maier und der Einbrecher lieferten sich ein Gefecht, dass es nur so knallte.

☺ Herr Maier und der Einbrecher schossen aufeinander.

Du hast es gleich erkannt: Der Nebensatz *dass es nur so knallte* ist viel zu umgangssprachlich für einen sachlichen Bericht.

## *Verwendung treffender Verben*

Ein Spezialfall bei der Suche nach passenden Wörtern ist das Verb. Oft hilft dir diese Wortart besonders gut, um Dinge sachlich und treffend auszudrücken.

☹ Nachdem der Einbrecher das Schlafzimmer betreten hatte, ballerte er sofort auf Vater und Sohn.

☺ Nachdem der Einbrecher das Schlafzimmer betreten hatte, schoss er sofort auf Vater und Sohn.

In einem Bericht ersetzt du das umgangssprachliche Verb *ballern* durch *schießen*.

☹ Auf der Kreuzung Rosenstraße und Nelkenweg hatte es gekracht.

☺ Auf der Kreuzung Rosenstraße und Nelkenweg waren zwei Fahrzeuge zusammengestoßen.

Auch *krachen* ist umgangssprachlich, wenn es um einen Unfall geht. Fahrzeuge krachen nicht aufeinander, sondern stoßen zusammen.

☹ Der Polizist unterhielt sich mit allen Zeugen über den Unfallhergang.

☺ Der Polizist befragte alle Zeugen zum Unfallhergang.

Das Verb *sich unterhalten* ist zwar sprachlich richtig, passt aber hier nicht in den Zusammenhang des Ereignisses. Der Polizist will ja wissen, was genau passiert ist. Er fragt die Zeugen, was sie beobachtet haben – er *befragt* sie also.

☹ Vater und Sohn überwältigten den Einbrecher und umwickelten ihn mit einer Wäscheleine.

☺ Vater und Sohn überwältigten den Einbrecher und fesselten ihn mit einer Wäscheleine.

Ein Geschenk wird *eingepackt*, ein Gegenstand mit einer Schnur *umwickelt* – aber ein Einbrecher, der nicht weglaufen soll, wird *gefesselt*. Dieses Verb brauchst du in diesem Zusammenhang.

☹ Auf dem Heimweg von der Schule flog Rebecca vom Fahrrad.

☺ Auf dem Heimweg von der Schule stürzte Rebecca vom Fahrrad.

Das Verb *fliegen* ist zwar sprachlich richtig, passt aber eher zu Vögeln oder Flugzeugen. Bei einem Unfall jedoch *stürzt* du vom Fahrrad.

## *Verwendung von Satzgefügen*

Typisch für den Sachstil eines Berichts ist, dass nicht nur Hauptsätze aneinander gereiht werden, sondern dass längere Satzgefüge (Hauptsätze plus Nebensätze) gebildet werden. Schau dir zunächst die folgende Reihe von Hauptsätzen an:

☹ Der Verkäufer stieg auf die Leiter. Währenddessen ergriff der Dieb ein Radiogerät. Es stand auf dem Ladentisch.

Du merkst sofort, dass die Satzreihe sehr abgehackt und holprig wirkt. Es ist daher viel eleganter, die drei Hauptsätze durch Konjunktionen (= Bindewörter) und Relativpronomen miteinander zu verbinden. Dadurch entsteht ein so genanntes *Satzgefüge*, also eine Verknüpfung von Haupt- und Nebensätzen:

☺ Während *(= Konjunktion)* der Verkäufer auf die Leiter stieg, ergriff der Dieb ein Radiogerät, das *(= Relativpronomen)* auf dem Ladentisch stand.

Das Bilden von Satzgefügen durch Konjunktionen oder Relativpronomen schauen wir uns an zwei weiteren Beispielen an.

☹ Der Radfahrer bog ohne Handzeichen nach links ab. Daher stieß er mit dem nachfolgenden Auto zusammen.

Da im ersten Satz der Grund für den Unfall erkennbar ist, lassen sich beide Sätze durch die Konjunktion *weil* miteinander verknüpfen:

☺ Weil der Radfahrer ohne Handzeichen nach links abbog, stieß er mit dem nachfolgenden Auto zusammen.

Im nächsten Beispiel bekommen wir durch den zweiten Satz eine genaue Information über den Jungen:

☹ Der Junge stürzte vom Rad. Er war 15 Jahre alt.

Wegen der Information im zweiten Satz kannst du ein Satzgefüge mit Hauptsatz und Relativsatz bilden:

☺ Der Junge, der 15 Jahre alt war, stürzte vom Rad.

**15.** Versuche es selbst. Verbinde die Sätze mit den jeweiligen Angaben zu Satzgefügen. Schreibe deine Vorschläge auf die Zeilen. Vergleiche sie erst danach mit den Lösungen.

a) Verwende *weil*:
Roland stürzte die Treppe hinunter. Max hatte ihm ein Bein gestellt.

________________________________________

________________________________________

________________________________________

b) Verwende *nachdem*:
Monika stieg aus der Straßenbahn aus. Danach schaute sie weder nach links noch nach rechts.

________________________________________

________________________________________

________________________________________

c) Bilde einen Relativsatz:
Der Fahrer verlor die Kontrolle über sein Auto. Er hatte zu viel Alkohol getrunken.

d) Bilde einen Relativsatz:
Leopold hat beim Fußballspielen die Fensterscheibe beschädigt.
Er muss sie bezahlen.

e) Verwende *während*:
Die Mutter unterhielt sich mit einer Freundin. Ihr Sohn stürzte vom Klettergerüst.

So sollten deine Lösungen aussehen:

a) Roland stürzte die Treppe hinunter, weil Max ihm ein Bein gestellt hatte.
b) Nachdem Monika aus der Straßenbahn ausgestiegen war, schaute sie weder nach links noch nach rechts.
c) Der Fahrer, der zu viel Alkohol getrunken hatte, verlor die Kontrolle über sein Auto.
d) Leopold muss die Fensterscheibe, die er beim Fußballspielen beschädigt hat, bezahlen.
e) Während sich die Mutter mit einer Freundin unterhielt, stürzte ihr Sohn vom Klettergerüst.

## *Nominalstil*

Der Bericht soll den Leser kurz und knapp über ein Ereignis informieren. Dabei sind nicht nur Satzgefüge wichtig. Nebensätze können häufig durch Nomen/Substantive ersetzt werden. Diese Möglichkeit heißt *Nominalstil*. Der Nominalstil hilft dir dabei, Dinge stark verkürzt auszudrücken. Achte jedoch darauf, dass du nicht alle Nebensätze durch Nomen ersetzt. Das wäre nicht nur langweilig, sondern würde dem Leser das Verständnis deines Berichts erschweren.

Schauen wir uns ein Beispiel für Nominalstil an:

☹ Der Mann, der den Unfall verursachte, flüchtete.

Eine Person, die einen Unfall verursacht, kannst du ganz praktisch mit dem zusammengesetzten Nomen *Unfallverursacher* benennen.

☺ Der Unfallverursacher flüchtete.

Auch aus Verben kannst du Nomen bilden:

☹ Als Frau Neumann aus der Straßenbahn ausstieg, wurde sie von einem Auto erfasst.

☺ Beim Aussteigen aus der Straßenbahn wurde Frau Neumann von einem Auto erfasst.

Wie du siehst, reicht hier ein einzelnes Nomen nicht aus. Du brauchst die Präposition *bei*, um den zeitlichen Zusammenhang darzustellen.

Schau dir zum Schluss die folgenden Beispiele für den Nominalstil gut an. Wenn du verstanden hast, wie er funktioniert, kannst du ihn immer wieder sinnvoll in deinen eigenen Aufsätzen verwenden.

☹ Als er von der Schule nach Hause radelte, stürzte Max vom Fahrrad.

☺ Auf dem Nachhauseweg von der Schule stürzte Max vom Fahrrad.

☹ Weil es sehr neblig war, konnte Herr Maurer die Kurve nicht erkennen.

☺ Wegen des starken Nebels konnte Herr Maurer die Kurve nicht erkennen.

☹ Als er mit dem Zug nach München fuhr, las er einen Krimi.

☺ Während der Zugfahrt nach München las er einen Krimi.

☹ Nachdem der Einbruch misslungen war, wurde der Täter verhaftet.

☺ Nach dem misslungenen Einbruch wurde der Täter verhaftet.

☹ Dafür, dass sie auf etwas Entscheidendes hingewiesen hatte wurde Frau Schneider belohnt.

☺ Für den entscheidenden Hinweis wurde Frau Schneider belohnt.

☹ Dieser Hinweis führte dazu, dass der Verbrecher festgenommen wurde

☺ Dieser Hinweis führte zur Festnahme des Verbrechers

# B Aufgabenstellungen

## 1 Die verschiedenen Aufgabentypen

Im ersten Teil dieses Buches hast du eine Menge über den Bericht als Aufsatzart erfahren. In den folgenden Kapiteln lernst du anhand verschiedener Beispiele, selbst einen vollständigen Bericht zu schreiben.

Im Deutschunterricht lernst du verschiedene Aufgabentypen kennen. Sie unterscheiden sich in der Art und Weise, wie die Informationen dargeboten werden, die nötig sind, um einen Bericht zu schreiben. In diesem Kapitel werden dir die möglichen Aufgabenarten im Überblick vorgestellt. Danach geht es um die Arbeitsschritte. Du bekommst also eine Art „Kochrezept" für den Bericht. Typische Aufsatzbeispiele und Tipps zeigen dir schließlich, worauf du besonders achten musst.

### *Von der Bildergeschichte zum Bericht*

Wie du bereits im ersten Teil dieses Buches gesehen hast – du erinnerst dich an die Geschichte von Vater und Sohn auf Seite 6f. –, kann man Berichte ausgehend von Bildergeschichten schreiben. Anhand der Bilder wird der Verlauf der Ereignisse erschlossen. Du entnimmst der Bilderfolge die nötigen Informationen, die du als Antworten auf die sechs W-Fragen brauchst. Das bedeutet, dass du die Bilder sehr genau betrachten musst. Manchmal werden dir vom Lehrer / von der Lehrerin zusätzlich zu den Bildern wichtige Informationen mitgeteilt, die sich den Zeichnungen nicht entnehmen lassen, zum Beispiel Namen von Personen oder Datum und Uhrzeit.

## *Vom Erzählkern zum Bericht*

Ein Erzählkern ist eine kurze Geschichte, die jedoch noch nicht als spannende Erzählung ausgestaltet wurde. Ein Beispiel:

> Am 29. 2. 2000 bekamen die Schüler Max F. und Alexander M. des Erdinger Gymnasiums von ihrem Deutschlehrer, Herrn Maier, in der dritten Stunde den Auftrag, Tafelkreide aus dem Sekretariat zu holen. Auf dem Weg dorthin bemerkten sie gegen 10 Uhr 15 in einem Gang der Schule den Schatten eines großen Tieres. Max sagte: „Schau mal, der Schatten da vorne! Das sieht aus wie der Schatten eines Löwen." Alexander vermutete sofort: „Wenn es ein Löwe ist, dann ist er vielleicht aus dem Zirkus ausgebrochen, der zur Zeit in der Nähe gastiert." Die aufgeregten Jungen liefen schnell ins Sekretariat und riefen: „Im Gang ist ein Löwe!" Die Sekretärin, Frau Feldbauer, wollte ihnen zwar nicht glauben, rief jedoch sicherheitshalber die Polizei. Nach einer Stunde fanden die Polizisten den „Löwen". Es war der harmlose Bernhardiner des Metzgers von nebenan. Der Hund war durch das offene Tor ins Schulgebäude gelaufen.

Sicher kennst du schon den Erzählkern als Grundlage für eine Erlebniserzählung. In diesem Fall besteht deine Aufgabe darin, den Kern unter Verwendung von wörtlicher Rede, Gedanken und Gefühlen zu einer spannenden Erzählung auszugestalten. Beim Bericht dagegen sollst du die wichtigsten Informationen aus dem Erzählkern herausarbeiten – die Antworten auf die sechs W-Fragen finden – und ihn zu einem Bericht umgestalten.

## *Von Zeugenaussagen zum Bericht*

Bei diesem Aufgabentyp gehst du in ähnlicher Weise vor wie ein Polizist nach einem Unfall: Seine Aufgabe ist es, Zeugen und Unfallbeteiligte zu befragen und ausgehend von ihren Aussagen einen vollständigen Unfallbericht zu verfassen. Reporter arbeiten ganz ähnlich, wenn sie über ein Ereignis schreiben sollen, das sie nicht selbst erlebt haben. Sie sind auf die Aussagen beteiligter Personen für ihren Zeitungsbericht angewiesen. Das musst du dabei beachten:

- Die Informationen aus den verschiedenen Aussagen genau und vollständig zusammentragen.
- Für den Unfallhergang Unwichtiges – wie Gefühle und Gedanken der Zeugen – weglassen.
- Die richtige zeitliche Abfolge der Ereignisse berücksichtigen.
- Darauf achten, dass der Bericht keine Widersprüche enthält.

### *Die Umwandlung einer Erzählung in einen Bericht*

Diese Aufgabenstellung ist nicht ganz leicht, denn hier musst du Wichtiges von Unwichtigem trennen. Als Vorlage bekommst du eine kurze Geschichte oder einen Ausschnitt aus einem Jugendbuch. Nun besteht deine Aufgabe darin, die Geschichte in einen Bericht umzuwandeln. Dabei musst du auf alle typischen Merkmale einer Erzählung – wie Gedanken, Gefühle und wörtliche Rede – verzichten und darauf achten, dass dein Bericht nicht spannend wird. Du solltest dir die Erzählung sehr genau durchlesen, um die nötigen Informationen als Grundlage für deinen Bericht zu erkennen.

**Wichtig**

Die vier häufigsten Aufgabentypen für einen Bericht sind:

- Schreiben des Berichts ausgehend von einer Bildergeschichte
- Schreiben des Berichts ausgehend von einem Erzählkern
- Schreiben des Berichts ausgehend von Zeugenaussagen
- Umwandlung einer Erzählung in einen Bericht

# 2 Die Arbeitsschritte beim Schreiben eines Berichts

In diesem Kapitel bekommst du das „Kochrezept“ zum Schreiben eines Berichts. Die Zutaten sind die einzelnen Arbeitsschritte, die du bei jedem Bericht berücksichtigen solltest.

## *Die Wahl des Themas*

Wenn du mehrere Aufgaben zur Auswahl hast, stehst du vor der schwierigen Frage: Welches Thema soll ich wählen? Lies zunächst in Ruhe die verschiedenen Themen durch. Stelle dir dabei folgende Fragen:

- Habe ich die Handlung vollständig verstanden?
- Ist mir der Ablauf der Ereignisse klar?
- Habe ich schon einmal Ähnliches erlebt und kann mir deshalb die Ereignisse gut vorstellen?
- Habe ich schon einmal einen Aufsatz zu einem ähnlichen Thema geschrieben?
- Bietet mir die Vorlage alle notwendigen Informationen, um einen Bericht schreiben zu können?
- Werden alle sechs W-Fragen beantwortet?

Nimm dir also ein paar Minuten Zeit und denke in Ruhe darüber nach, was du wählen willst. Entscheide dich dann für das Thema, bei dem du mindestens zwei oder drei der oben erwähnten Fragen mit Ja beantworten kannst. Wenn du dich für ein Thema entschieden hast, dann bleibe dabei, sonst würde dir wertvolle Arbeitszeit verloren gehen.

## *Das Erfassen der Aufgabenstellung*

Lies dir als zweiten Schritt die Aufgabenstellung genau durch. Stelle dabei fest, aus welcher Perspektive du den Bericht verfassen sollst. Markiere die entsprechenden Informationen.

> Verfasse zum folgenden Erzählkern einen Bericht aus der Perspektive von Max, dem Sohn.

> Verfasse zur folgenden Bildergeschichte einen Bericht aus der Sicht eines unbeteiligten Er-Erzählers.

Manchmal hilft dir dein Lehrer / deine Lehrerin sogar noch und fügt hinzu:

> Beantworte dabei alle W-Fragen!

Achte außerdem darauf, ob vorgegeben ist, um welche Art von Bericht (zum Beispiel Unfallbericht, Zeitungsbericht) es sich handelt und beachte die Besonderheiten der entsprechenden Berichtsform.

## *Die gründliche Lektüre der Vorlage*

Lies dir den vorgegebenen Text mehrmals gründlich durch oder betrachte die Bilderfolge ganz genau. Achte bei Bildergeschichten besonders auf den Gesichtsausdruck und die Körperhaltung der Personen. Oft hilft dir das, um die Geschichte besser zu verstehen. Frage dich immer wieder: Habe ich die Handlung verstanden?

## *Die Beantwortung der W-Fragen*

Versuche nun, die Antworten auf die sechs W- Fragen zu finden. Wenn du einen Text als Vorlage hast, markierst du die Antworten auf die Fragen am besten im Text. Achte dabei auf Genauigkeit – markiere nicht ganze Sätze, sondern genau die Antworten, die du suchst.
Denke bei der Anordnung der Fragen an den Dackel POZGAF. Schreibe die Fragen in der Reihenfolge, in der sie in deinem Bericht beantwortet werden müssen, in Form einer Tabelle auf ein Blatt Papier.
Notiere die Antworten, die du beim Markieren im Text gefunden hast, hinter den jeweiligen Fragen:

**Wichtig**

| | | | | |
|---|---|---|---|---|
| Wer? | ▶ | Person(en) | | |
| Wo? | ▶ | Ort | ◀ | Einleitung |
| Wann? | ▶ | Zeit | | |
| Was? | ▶ | Geschehen | | |
| Wie? | ▶ | Ablauf des Ereignisses | ◀ | Hauptteil |
| Welche Folgen? | ▶ | Folgen des Ereignisses | ◀ | Schluss |

Überprüfe, ob du auf jede Frage eine Antwort gefunden hast. Manchmal kann es mehrere Antworten geben, zum Beispiel bei mehr als einer Hauptperson der Handlung.

Bei einer Bildergeschichte als Vorlage entfällt natürlich das Unterstreichen der Informationen im Text. Hier beginnst du gleich mit dem Stichwortzettel, auf den du die Antworten auf die Fragen schreibst.

Schreibe außerdem auf deinen Zettel, welche Informationen in welchen Teil des Berichts gehören. Du weißt ja: Die ersten vier W-Fragen werden in der Einleitung beantwortet, die fünfte Frage im Hauptteil und die letzte Frage im Schlussteil.

Je genauer und sorgfältiger du deinen Stichwortzettel abfasst, desto leichter fällt dir dann das Schreiben des Aufsatzes. Nimm dir also genügend Zeit für die Vorarbeiten und bemühe dich um Gründlichkeit. Sie zahlt sich nachher beim Schreiben aus.

## *Das Schreiben des Berichts*

Nach den Vorarbeiten kannst du mit dem Schreiben des Berichts beginnen. Achte dabei darauf, den Aufsatz in Absätze zu untergliedern und die W-Fragen in den richtigen Aufsatzteilen zu beantworten. Lass dir besonders für die Einleitung viel Zeit, denn sie ist am schwierigsten zu formulieren – sie muss ja viele Informationen in Kurzform enthalten. Wenn du dich anfangs unsicher fühlst, dann formuliere die Einleitung zur Übung auf einem Extrablatt.

Denke beim Schreiben an die Regeln zur Sprache eines Berichts: Lass wörtliche Reden weg und gehe nicht auf die Gefühle der Personen ein. Verwende als Zeitform das Präteritum. Schreibe sachlich und verzichte bei der Wortwahl auf umgangssprachliche Wendungen. Suche außerdem immer wieder nach knappen – aber treffenden – Formulierungen. Variiere beim Satzbau und setze nicht nur einen Hauptsatz neben den anderen.

Was der Lehrer / die Lehrerin auch gern sieht: eine saubere Arbeit in gut lesbarer Schrift. Streiche also Falsches ordentlich mit dem Lineal durch!

## *Das Durchlesen des fertigen Aufsatzes*

Wenn du mit dem Bericht fertig bist, dann nimm dir unbedingt ein paar Minuten Zeit, das Geschriebene gründlich durchzulesen. Oft entdeckst du dabei noch Fehler. Es ist sehr hilfreich, sich an Dinge zu erinnern, die in einem anderen Aufsatz schief gegangen sind. Überprüfe nun, ob dir diese Fehler nicht aus Versehen wieder unterlaufen sind. Hat dein Lehrer / deine Lehrerin zum Beispiel festgestellt, dass du in einem Bericht mehrmals wörtliche Rede verwendet hast? – Dann lies dir den Aufsatz daraufhin aufmerksam durch und prüfe, ob du diesmal auf das Weglassen der wörtlichen Rede geachtet hast.

**Wichtig**

Die wichtigsten Arbeitsschritte bei einem Bericht sind:

- Wahl des Themas
- Erfassen der Aufgabenstellung
- Gründliche Lektüre der Vorlage
- Beantwortung der W-Fragen
- Schreiben des Berichts
- Durchlesen des fertigen Aufsatzes

# 3 Von der Bildergeschichte zum Bericht

Die Aufgabenstellung für das Schreiben eines Berichts auf der Grundlage einer Bildergeschichte kann etwa so aussehen:

Schreibe ausgehend von dieser Bildergeschichte einen Bericht aus der Perspektive eines unbeteiligten Er-Erzählers.

Wichtige Informationen:
Familie Huber mit den Kindern Anna (8 Jahre) und Max (10 Jahre) besuchte gemeinsam mit dem Hund Schnauz am 26. Juni 2000 nachmittags gegen 15 Uhr das Museum „Mensch und Natur" in München.

## Das Erfassen der Aufgabenstellung

Die Aufgabenstellung lautet:

*Schreibe ausgehend von dieser Bildergeschichte einen Bericht aus der Perspektive eines unbeteiligten Er-Erzählers.*

Wichtig ist hier, dass du auf deinem Blatt die Perspektive markierst. Du musst sie beim Schreiben des Aufsatzes genau einhalten.

## Die gründliche Lektüre der Vorlage

Die Vorlage ist in diesem Fall kein Text zum Lesen, sondern eine Reihe von Bildern. Betrachte die Bilderfolge einige Minuten ganz genau. Überlege dir dabei, ob du die Handlung verstanden hast. Hilfreich sind dabei Fragen wie:

- Warum ist das Dinosaurierskelett eingestürzt?
- Welches der Skelette ist eingestürzt?

Bei einer Bildergeschichte lohnt es sich, den Gesichtsausdruck (Mimik) und die Körperhaltung der beteiligten Personen genau zu betrachten. Dadurch erfährst du oft, was die Menschen denken oder fühlen. Dies darfst du zwar im Bericht nicht direkt wiedergeben – es kann dir jedoch helfen, die Handlung besser zu verstehen. Bei unserer Geschichte lohnt es sich außerdem, den Hund im ersten Bild genauer zu betrachten. Was empfindet er wohl beim Anblick des Skeletts?

Bewegungen werden in Bildergeschichten oft nur angedeutet. So zeigen wenige Striche in Bild 3, dass sich das Skelett des Flugsauriers bewegt. Das Geräusch aus dem Nebenraum muss durch ein Wort und die entsprechenden Striche wiedergegeben werden. Das Erschrecken der Familie wird durch ihre Körperhaltung angedeutet. Du siehst also, dass es sich bei Bildergeschichten lohnt, genau hinzuschauen, um viele Einzelheiten zu erkennen.

## Die Beantwortung der W-Fragen

Beim nächsten Schritt geht es darum, ausgehend von der Bildergeschichte die sechs W-Fragen zu beantworten. Schreibe dazu die Fragen in der richtigen Reihenfolge – denke dabei an den Dackel POZGAF (siehe Seite 29) – auf ein Blatt Papier. Danach suchst du die Antworten und schreibst sie neben die Fragen.

| | |
|---|---|
| Wer? | Familie Huber mit den Kindern Anna und Max sowie Hund Schnauz |
| Wo? | Im Museum „Mensch und Natur“ in München |
| Wann? | Am 26. Juni 2000 am Nachmittag gegen 15 Uhr |
| Was? | Der Hund Schnauz bringt durch das Herausziehen eines Beinknochens das Skelett eines Sauriers zum Einsturz. |
| Wie? | – Familie Huber besucht das Museum „Mensch und Natur“ in München und betrachtet dort einige Dinosaurier-Skelette.<br>– Der Hund Schnauz knurrt das Skelett eines großen Tyrannosaurus Rex laut an.<br>– Die Familie geht in den nächsten Raum und bemerkt nicht, dass der Hund im Nebenraum bleibt.<br>– Während Hubers das Skelett eines Flugsauriers bewundern, hören sie aus dem Nebenraum ein lautes Krachen.<br>– Beim Betreten des Nebenraums sehen sie ihren Hund Schnauz mit einem großen Oberschenkelknochen des Dinosauriers im Maul vor dem eingestürzten Skelett sitzen. |
| Welche Folgen? | Es wurde kein Knochen beschädigt. Familie Huber muss für den Wiederaufbau des Skeletts 1000 DM bezahlen und wird vom Museumsleiter streng ermahnt, den Hund nicht mehr ins Museum mitzunehmen. |

Dass der Hund Schnauz bei den Hauptpersonen in der Einleitung erwähnt wird, liegt daran, dass er für den Verlauf der Geschichte eine entscheidende Rolle spielt. Das Alter der beiden Kinder ist jedoch unwichtig und muss somit im Bericht nicht erwähnt werden.

Wie du siehst, lassen sich nicht alle wichtigen Informationen aus der Bildergeschichte erschließen. Für die Folgen des Ereignisses bist du auf deine Fantasie angewiesen. Achte jedoch darauf, dass dein Text glaubwürdig bleibt!

## *Das Schreiben des Berichts*

Nachdem du alle Informationen zusammengetragen hast, kannst du mit dem Ausformulieren des Aufsatzes beginnen. Denke dabei die Regeln zum Aufbau des Berichts sowie an die richtige sprachliche Gestaltung.

### Aufsatzbeispiel

Einleitung

Am 26. Juni 2000 besuchte Familie Huber mit ihren Kindern Anna und Max in Begleitung ihres Hundes Schnauz am Nachmittag gegen 15 Uhr das Museum „Mensch und Natur" in München. Dort brachte der Hund der Familie durch das Herausziehen eines Beinknochens das Skelett eines Sauriers zum Einsturz.

Hauptteil

Im Museum „Mensch und Natur" besichtigte Familie Huber die Dinosaurier-Ausstellung. Während die Familie das Skelett eines großen Tyrannosaurus Rex bestaunte, knurrte ihr Hund Schnauz das Tier laut an. Als die Hubers in den nächsten Raum der Ausstellung gingen, bemerkten sie nicht, dass der Hund beim Skelett geblieben war. Auf einmal bebte der Boden leicht und sie vernahmen ein lautes Krachen. Es kam aus dem Nebenraum, in dem sie gerade gewesen waren. Sie eilten hinüber und sahen ihren Hund mit einem großen Oberschenkelknochen des Dinosauriers im Maul vor dem eingestürzten Skelett sitzen. Die übrigen Teile des Skeletts lagen weit verstreut auf dem Boden.

Schluss

Ein rasch herbeigeeilter Aufseher stellte fest, dass die Dinosaurierknochen nicht beschädigt waren. Für den Wiederaufbau des Skeletts musste die Familie Huber 1000 DM bezahlen. Zusätzlich wurden sie vom Museumsleiter streng ermahnt, den Hund nicht mehr in die Ausstellung mitzubringen.

## *Das Durchlesen des fertigen Aufsatzes*

Nachdem du den Bericht geschrieben hast, solltest du ihn nochmals gründlich durchlesen und dabei überprüfen, ob du alle Regeln eingehalten hast.

**1.** Maria hat zur selben Bildergeschichte einen Aufsatz geschrieben. Er enthält jedoch einige Fehler. Lies den Aufsatz gründlich durch. Markiere dabei die Fehler und merke am Rand an, welche Informationen fehlen. Versuche es zunächst selbstständig und vergleiche anschließend deine Vorschläge mit der Lösung.

An einem sonnigen Sonntagnachmittag besuchte Familie Huber mit ihren Kindern Anna und Max und ihrem graubraunen Mischlingshund Schnauz das Museum „Mensch und Natur" in München. Dort erlebten die Hubers etwas schrecklich Aufregendes, denn ihr Hund stellte Unfug an.

Im Museum besuchten die Hubers zuerst die Ausstellung mit den Dinosaurier-Skeletten. Während sie voller Staunen das Skelett eines großen Tyrannosaurus Rex betrachteten, knurrte Schnauz das Skelett laut an. Ich ging in den nächsten Raum der Ausstellung und bemerkte dabei nicht, dass der Hund im Nebenraum geblieben war. Die Familie bewunderte nun das Skelett eines Flugsauriers. Anna fragte: „Konnte der wirklich fliegen?" Max erkundigte sich: „Wann hat der denn gelebt?" Plötzlich bebte der Boden leicht und sie hörten einen lauten Rumms, sodass ihnen vor Schreck fast das Herz stehen blieb. Der Lärm kam aus dem Nebenraum. Was kann das gewesen sein?, dachte der Vater. Die Mutter überlegte: Wo ist Schnauz? Er wird doch wohl nichts angestellt haben!

Aufgeregt rannten alle schnell nach nebenan. Dort sahen sie Schnauz mit einem großen Oberschenkelknochen des Dinosauriers im Maul vor dem kaputten Skelett sitzen. Die übrigen Knochen waren über den ganzen Boden verstreut.

Kurze Zeit später kommt ein Aufseher, der durch den Lärm aufmerksam geworden war. Er stellte fest, dass die Dinosaurierknochen noch heil waren. Der Museumsdirektor verlangte von der Familie, dass sie das Skelett wieder aufbauten und verbot ihnen, den Hund erneut ins Museum mitzunehmen.

Wie du sicher bemerkt hast, hat Maria einige Fehler in ihrem Bericht gemacht. Am schlimmsten ist, dass sie an einer Stelle die Erzählperspektive wechselt (vom Er-Erzähler zum Ich-Erzähler) und im Schlussteil einmal die falsche Zeitstufe (Präsens statt Präteritum) verwendet.

Außerdem hat Maria nicht beachtet, dass viele Merkmale einer Erzählung nicht in den Bericht gehören: Sie verwendet wörtliche Reden und geht auf Gedanken und Gefühle der Personen ein. Der Aufsatz ist dadurch an manchen Stellen sogar spannend wie eine Erzählung – vor allem dann, als sie einen Satz mit dem Wort *plötzlich* beginnen lässt. Auch sprachlich ist nicht alles richtig. Immer wieder verwendet sie Umgangssprache, statt sich sachlich auszudrücken.

Vergleiche nun deine Vorschläge mit der folgenden Lösung. Die wichtigsten Fehler sind markiert und am Rand angemerkt.

| | |
|---|---|
| Datum fehlt | An einem sonnigen Sonntagnachmittag besuchte |
| | Familie Huber mit ihren Kindern Anna und Max und |
| unwichtiges Detail | ihrem graubraunen Mischlingshund Schnauz das |
| | Museum „Mensch und Natur" in München. Dort |
| ungenaue Antwort | erlebten die Hubers etwas schrecklich Aufregendes, |
| auf die Frage *Was?* | denn ihr Hund stellte Unfug an. |
| | |
| | Im Museum besuchten die Hubers zuerst die Aus- |
| | stellung mit den Dinosaurier-Skeletten. Während sie |
| Gefühl | voller Staunen das Skelett eines großen Tyranno- |
| | saurus Rex betrachteten, knurrte Schnauz das Skelett |
| Wechsel der Perspektive | laut an. Ich ging in den nächsten Raum der Aus- |
| | stellung und bemerkte dabei nicht, dass der Hund |
| | im Nebenraum geblieben war. Die Familie |
| | bewunderte nun das Skelett eines Flugsauriers. |
| wörtliche Rede | Anna fragte: „Konnte der wirklich fliegen?" Max |
| | erkundigte sich: „Wann hat der denn gelebt?" |
| Spannung | Plötzlich bebte der Boden leicht und sie hörten einen |
| Umgangssprache / Gefühl | lauten Rumms, sodass ihnen vor Schreck fast das |
| | Herz stehen blieb. Der Lärm kam aus dem Neben- |
| Gedanken | raum. Was kann das gewesen sein?, dachte der |
| | Vater. Die Mutter überlegte: Wo ist Schnauz? |
| | Er wird doch wohl nichts angestellt haben! |
| Gefühl / Spannung | Aufgeregt rannten alle schnell nach nebenan. Dort |
| | sahen sie Schnauz mit einem großen Oberschenkel- |
| Umgangssprache | knochen des Dinosauriers im Maul vor dem kaputten |
| | Skelett sitzen. Die übrigen Knochen waren über den |
| | ganzen Boden verstreut. |

| | |
|---|---|
| falsche Zeitstufe | Kurze Zeit später kommt ein Aufseher, der durch den Lärm aufmerksam geworden war. Er stellte fest, |
| Umgangssprache | dass die Dinosaurierknochen noch heil waren. Der |
| unglaubwürdig | Museumsdirektor verlangte von der Familie, dass sie das Skelett wieder aufbauten und verbot ihnen, den Hund erneut ins Museum mitzunehmen. |

Zum Schluss eine weitere Bildergeschichte, die du in einen Bericht umwandeln sollst. Versuche es zunächst selbstständig und lies erst anschließend das nachfolgende Aufsatzbeispiel durch. Denke beim Schreiben an die einzelnen Arbeitsschritte und beachte die Regeln zu Inhalt, Aufbau und sprachlicher Gestaltung.

Das Aufsatzbeispiel zeigt nur eine Möglichkeit, wie du die Aufgabe richtig lösen kannst. Es muss aber nicht falsch sein, wenn dein Aufsatz in einigen Punkten davon abweicht. Wichtig ist vor allem, dass du die Regeln beachtest und dass dein Aufsatz inhaltlich vollständig ist – also alle sechs W-Fragen beantwortet.

Schreibe ausgehend von dieser Bildergeschichte einen Polizeibericht aus der Perspektive eines unbeteiligten Er-Erzählers.

Wichtige Informationen:
Der Vorfall ereignete sich am 1. September 2000 gegen 17 Uhr im Laden von Herbert Rosenberger in der Breiten Gasse 21 in Köln. Der Dieb heißt Paul Bergmann.

## Aufsatzbeispiel

**Einleitung**

Am 1. September 2000 konnte gegen 17 Uhr der Dieb Paul Bergmann, der aus dem Laden von Herbert Rosenberger in der Breiten Gasse 21 in Köln einen Radio-Kassettenrekorder stehlen wollte, auf der Flucht von einem Polizisten gefasst und verhaftet werden.

**Hauptteil**

Paul Bergmann betrat kurz vor 17 Uhr das Radiogeschäft von Herbert Rosenberger und bat den Ladeninhaber, ihm ein Radio mit Kassettenrekorder vorzuführen. Als dieser auf die Leiter stieg, um das Gerät vom Regal zu holen, nutzte der Kunde die Gelegenheit. Unbemerkt von Herrn Rosenberger ergriff er ein anderes Gerät, das seitlich im Ladentisch stand und packte es schnell in seine mitgebrachte Aktentasche. Beim Einpacken drückte er jedoch versehentlich auf eine Taste, sodass kurz darauf Musik aus dem Lautsprecher des Geräts zu hören war. Dadurch bemerkte der Ladenbesitzer den Diebstahl. Der Dieb floh schnell aus dem Laden. Herr Rosenberger konnte den Dieb nicht gleich verfolgen, da er immer noch auf der Leiter stand. Ein Polizist, der den Vorfall von der Straße aus zufällig beobachtet hatte, konnte Paul Bergmann jedoch unmittelbar vor der Ladentür aufhalten und festnehmen.

**Schluss**

Die Diebesbeute im Wert von 150 DM wurde dem Ladenbesitzer zurückgegeben. Auf den bereits vorbestraften Paul Bergmann wartet nun ein Gerichtsverfahren wegen versuchten Diebstahls.

# 4 Vom Erzählkern zum Bericht

Das Schreiben eines Berichts ausgehend von einem Erzählkern ist nicht besonders schwer, denn meistens musst du nur Antworten auf die W-Fragen suchen und die Informationen in der richtigen Reihenfolge für den Bericht anordnen. Oft klingt der Erzählkern selbst schon wie ein kurzer Bericht, da er im Normalfall keine oder nur wenige erzählerische Ausschmückungen enthält.
Die Aufgabenstellung könnte lauten:

Am 29.2.2000 bekamen die Schüler Max F. und Alexander M. des Erdinger Gymnasiums von ihrem Deutschlehrer, Herrn Maier, in der dritten Stunde den Auftrag, Tafelkreide aus dem Sekretariat zu holen. Auf dem Weg dorthin bemerkten sie gegen 10 Uhr 15 in einem Gang der Schule den Schatten eines großen Tieres. Max sagte: „Schau mal, der Schatten da vorne! Das sieht aus wie der Schatten eines Löwen." Alexander vermutete sofort: „Wenn es ein Löwe ist, dann ist er vielleicht aus dem Zirkus ausgebrochen, der zur Zeit in der Nähe gastiert." Die aufgeregten Jungen liefen schnell ins Sekretariat und riefen: „Im Gang ist ein Löwe!" Die Sekretärin, Frau Feldbauer, wollte ihnen zwar nicht glauben, rief jedoch sicherheitshalber die Polizei. Nach einer Stunde fanden die Polizisten den „Löwen". Es war der harmlose Bernhardiner des Metzgers von nebenan. Der Hund war durch das offene Tor ins Schulgebäude gelaufen.

Schreibe ausgehend von diesem Erzählkern einen Bericht aus der Sicht eines unbeteiligten Er-Erzählers.

### *Das Erfassen der Aufgabenstellung*

Zuerst solltest du die Aufgabenstellung gründlich durchlesen. Dabei markierst du die vorgegebene Erzählperspektive:

*Schreibe ausgehend von diesem Erzählkern einen Bericht aus der Sicht eines unbeteiligten Er-Erzählers*

## Die gründliche Lektüre der Vorlage

Im nächsten Schritt liest du den Erzählkern gründlich durch. Vor dem zweiten Durchlesen schreibst du am besten die sechs W-Fragen auf einen Zettel und legst ihn beim Lesen daneben. So kannst du gleichzeitig nach den Antworten auf die W-Fagen suchen und sie im Text – am besten mit verschiedenen Farben – markieren.

Wie du am Text oben schon erkennen kannst, sind in einem Erzählkern fast alle Informationen wichtig. Du musst nur die unwichtigen Einzelheiten und die Erzählelemente aussortieren und die Informationen für den Bericht in der richtigen Reihenfolge anordnen.

## Die Beantwortung der W-Fragen

Notiere nun auf deinem Zettel die Antworten auf die sechs W-Fragen. Das sieht etwa so aus:

| | |
|---|---|
| Wer? | Die Schüler Max F. und Alexander M. des Erdinger Gymnasiums |
| Wo? | Im Erdinger Gymnasium |
| Wann? | Am 29. Februar 2000 gegen 10 Uhr 15 |
| Was? | Falscher Raubtieralarm |
| Wie? | – Zwei Schüler entdecken auf dem Weg ins Sekretariat zum Kreideholen einen vermeintlichen Löwen.<br>– Die Schüler informieren die Sekretärin, die die Polizei alarmiert.<br>– Polizeibeamte durchsuchen das Schulhaus und finden dabei den Bernhardiner des Metzgers aus der Nachbarschaft.<br>– Die Polizisten bringen das Tier zu seinem Besitzer zurück. |
| Welche Folgen? | Niemand wurde verletzt. |

## *Das Schreiben des Berichts*

Der Bericht zu diesem Erzählkern könnte folgendermaßen aussehen:

### Aufsatzbeispiel

| | |
|---|---|
| Einleitung | Am 29. Februar 2000 lösten die beiden Schüler Max F. und Alexander M. gegen 10 Uhr 15 einen falschen Raubtieralarm am Erdinger Gymnasium aus. |
| Hauptteil | Die zwei Jungen, die vom Lehrer beauftragt worden waren, Kreide aus dem Sekretariat zu holen, erblickten auf dem Weg dorthin im Gang den Schatten eines größeren Tieres. Aufgrund der Umrisse mutmaßten sie, dass es der Schatten eines Löwen war, der aus dem Zirkus, der zu dieser Zeit in Erding gastierte, ausgebrochen sein konnte. Die Schüler informierten die Sekretärin, die ihnen zuerst nicht glauben wollte, dann aber doch die Polizei alarmierte. Die rasch eingetroffenen Polizisten fanden nach einer Stunde statt eines Löwen den Bernhardiner des benachbarten Metzgers. Die Beamten brachten das Tier zu seinem Besitzer zurück. |
| Schluss | Bei der Aktion wurde niemand verletzt. |

## *Das Durchlesen des fertigen Aufsatzes*

Zum Schluss solltest du deinen Aufsatz nochmals durchlesen und dabei genau überprüfen, ob du alle Regeln zum Bericht (Sprache, Aufbau und Inhalt) beachtet hast.

**2.** Matthias hat einen Bericht zu dem auf Seite 63 abgedruckten Erzählkern verfasst. Leider ist dabei einiges schief gegangen. Lies seinen Aufsatz gründlich durch und korrigiere dann die Fehler, die du entdeckt hast. Vergleiche anschließend deine Vorschläge mit der Lösung.

Am 29. Februar 2000 sahen zwei Schüler im Erdinger Gymnasium einen Löwen. Dann kam die Polizei.

Die zwei Jungen, die von ihrem Deutschlehrer, Herrn Schulz, gebeten worden waren, drei Stück weiße Kreide aus dem Sekretariat zu holen, da im Klassenzimmer keine Kreide mehr war, entdeckten plötzlich im Gang den Schatten eines großen Tieres mit vier Beinen. Sie erschraken und ihr Herz begann vor Aufregung laut zu klopfen, da sie vermuteten, dass es sich um einen Löwen handelte. „Gastiert in Erding nicht zur Zeit ein Zirkus?", fragte der eine von ihnen. „Los, schnell weg hier!", rief der andere. Die Jungen kamen bleich im Sekretariat an und flehten die Sekretärin an, ihnen zu helfen. Diese wollte ihnen zuerst nicht glauben, doch da die beiden Jungen so aus dem Häuschen waren, rief sie bei der Polizei an. Die Bullen, die bald darauf kamen, fanden nach einstündiger Suche den verschreckten Bernhardiner des benachbarten Metzgers. Der Hund hatte – vielleicht angelockt durch den Geruch der Brote am Pausenstand – einen gemütlichen Spaziergang durch die Schule gemacht. Die Polizisten geleiteten das gutmütige Tier nach Hause.

Matthias sind in seinem Aufsatz eine ganze Reihe von Fehlern unterlaufen. Das fängt bereits in der Einleitung an:

> Am 29. Februar 2000 sahen zwei Schüler im Erdinger Gymnasium einen Löwen. Dann kam die Polizei.

Hier fehlen viele wichtige Informationen. Der Leser erfährt weder die genaue Uhrzeit noch den Ort des Ereignisses. Außerdem fehlen die Namen der beiden Schüler. Auch die Frage nach der Art des Ereignisses wird zu ungenau beantwortet.

> Die zwei Jungen, die von ihrem Deutschlehrer, Herrn Schulz, gebeten worden waren, drei Stück weiße Kreide aus dem Sekretariat zu holen, da im Klassenzimmer keine Kreide mehr war, entdeckten plötzlich im Gang den Schatten eines großen Tieres mit vier Beinen.

Zu Beginn des Hauptteils wird der Name des Deutschlehrers genannt. Das ist nicht notwendig, da diese Person für die Handlung keine Rolle spielt. Ebenso unwichtig ist die Information, dass im Klassenzimmer keine Kreide mehr war. Das Wort *plötzlich* gehört nicht in den Bericht, da es Spannung erzeugt.

> Sie erschraken und ihr Herz begann vor Aufregung laut zu klopfen, da sie vermuteten, dass es sich um einen Löwen handelte. „Gastiert in Erding nicht zur Zeit ein Zirkus?", fragte der eine von ihnen. „Los, schnell weg hier!", rief der andere.

Diese Fehler hast du sicher gleich erkannt: Gefühle und wörtliche Reden dürfen in einem Bericht nicht vorkommen.

Die Jungen kamen bleich im Sekretariat an und flehten die Sekretärin an, ihnen zu helfen. Diese wollte ihnen zuerst nicht glauben, doch da die beiden Jungen so aus dem Häuschen waren, rief sie bei der Polizei an.

Das Wort *anflehen* ist zu unsachlich für den Bericht; besser wäre hier *bitten*. Der Ausdruck *aus dem Häuschen sein* ist umgangssprachlich – und als Wiedergabe für ein Gefühl nicht für den Bericht geeignet.

Die Bullen, die bald darauf kamen, fanden nach einstündiger Suche den verschreckten Bernhardiner des benachbarten Metzgers. Der Hund hatte – vielleicht angelockt durch den Geruch der Brote am Pausenstand – einen gemütlichen Spaziergang durch die Schule gemacht. Die Polizisten geleiteten das gutmütige Tier nach Hause.

*Bullen* für *Polizisten* ist Umgangssprache – und *verschreckt* drückt ein Gefühl aus. Beides gehört nicht in den Bericht. Dass der Hund durch den Geruch der Brote angelockt worden sein könnte, ist eine Vermutung. Ein Bericht darf aber nur Tatsachen wiedergeben.

Und wie sieht es mit dem Schlussteil aus? Den hat Matthias vergessen. Die W-Frage nach den Folgen des Ereignisses bleibt somit unbeantwortet.

**3.** Zum Schluss eine Aufgabe, die du ganz allein bearbeiten kannst. Berücksichtige alle Arbeitsschritte und achte darauf, dass du alle W-Fragen in Einleitung, Hauptteil und Schluss beantwortest.

Bei einer dramatischen Rettungsaktion wurden am 7. Februar 2000 nach Einbruch der Dunkelheit die zwei elf- und dreizehnjährigen Geschwister Markus und Peter S. aus großer Gefahr befreit. Die Kinder mussten in eisiger Kälte drei Stunden ausharren, bis die von den Eltern benachrichtigte Besatzung eines Hubschraubers die beiden verängstigten und unterkühlten Jungen fand und ins Krankenhaus brachte. Die beiden Snowboarder hatten im österreichischen Skigebiet Hochfügen trotz der überall angebrachten Warnhinweise und Absperrungsmarkierungen die Skipisten verlassen und versuchten gegen 15 Uhr eine Abfahrt im Tiefschnee. Einer der beiden Jungen brach sich bei einem Sturz den Knöchel. Die Eltern, die während dieser Zeit eine Kaffeepause machten, wussten anfangs nichts von den Unternehmungen ihrer Kinder.

Schreibe ausgehend von diesem Erzählkern einen Zeitungsbericht aus der Sicht eines unbeteiligten Er-Erzählers.

# 5 Von Zeugenaussagen zum Bericht

Die Aufgabe, ausgehend von Zeugenaussagen einen Bericht zu schreiben, ähnelt sehr den Anforderungen, die an einen Polizisten nach einem Unfall gestellt werden: Er muss die Aussagen der Zeugen und beteiligten Personen notieren und dann aus den einzelnen Aussagen Rückschlüsse darauf ziehen, was wirklich passiert ist. Zum Schluss schreibt er einen Unfallbericht.

So gehst du an die Sache heran: Du liest die Zeugenaussagen gründlich durch, lässt Unwichtiges (zum Beispiel Gefühle und Gedanken) weg, achtest auf die richtige zeitliche Reihenfolge und trägst dann alle Informationen im Bericht zusammen.

Die Aufgabe könnte so aussehen:

Verfasse ausgehend von den folgenden Zeugenaussagen einen Bericht aus der Perspektive eines unbeteiligten Er-Erzählers.

Direktor Bartl: „Natürlich unterstütze ich Exkursionen wie die Fahrt von Frau Neugebauer mit ihren Fünftklässlern nach München ins Museum. Außerdem war der 2. Juni, der Freitag nach Himmelfahrt, ein passender Tag für solche Unternehmungen. Wer hätte denn ahnen können, dass so etwas passiert! Aber die Lehrerin trifft keine Schuld, denn sie hatte die Schüler vorher ermahnt, zusammenzubleiben und beim Umsteigen von der Straßenbahn in die S-Bahn gut aufzupassen."

Annette: „So viele Menschen! Und wie die drängelten! Alle hatten es eilig, nach Hause zu kommen! Auf dem Münchner Bahnhof hatte auch ich Angst, die Klasse zu verlieren."

Frau Huber: „In dem Elternbrief stand, dass die Klasse um 14 Uhr zurückkommt. Ich wollte meinen Sohn Robert von der Schule abholen, um anschließend mit ihm Schuhe kaufen zu gehen. Doch von Robert war weit und breit nichts zu

| | |
|---|---|
| | sehen. Da kam die Lehrerin und sagte mir, dass sie Robert beim Umsteigen am Münchner Bahnhof verloren haben. Als ich meinen Sohn später gesund in die Arme schließen konnte, war ich doch sehr erleichtert." |
| Sven: | „Der Ausflug in die Ausstellung „Mensch und Natur" hat echt Spaß gemacht. Das ist ein tolles Museum!" |
| Robert: | „Auf dem Weg zur S-Bahn löste sich auf einmal mein Schnürsenkel und ich wäre beinahe hingefallen. Also bückte ich mich, um ihn wieder zuzubinden und als ich wieder hochschaute, waren meine Klassenkameraden weg." |
| Bahnbeamtin: | „Um 13 Uhr 25 kam ein verzweifelter Junge an meinen Schalter am Münchner Hauptbahnhof. Er erzählte, dass er seine Klasse verloren hätte. Auf meine Nachfrage antwortete er, dass er das Erdinger Gymnasium besucht. Also rief ich dort an und sagte der Sekretärin, dass ich den Jungen in die nächste S-Bahn nach Erding setze, die um 14 Uhr 40 dort ankommt." |
| Sandra: | „Typisch, dass das dem Robert passiert! Der träumt doch immer und ist so langsam! In der Grundschule haben wir ihn auch schon einmal auf dem Wandertag unterwegs beinahe verloren." |
| Frau Neugebauer: | „Ich bin ziemlich erschrocken, als ich beim Durchzählen der Schüler in der S-Bahn feststellen musste, dass eines von den fünfzehn Kindern fehlte. Aber ich konnte ja während der Fahrt nichts unternehmen. Ich war ganz schön erleichtert, als mir die Sekretärin bei der Rückkehr gleich sagte, dass eine Bahnbeamtin angerufen hat und dass Robert mit der nächsten S-Bahn ankommt." |

Die Textvorlage ist ziemlich lang. Dennoch ist es wichtig, dass du den ganzen Text gründlich durchliest. Du sollst aus den einzelnen Zeugenaussagen das Wichtige für deinen Bericht herausholen. Dabei musst du manchmal etwas länger nach den Antworten auf die einzelnen W-Fragen suchen, da ja nicht alle Zeugen sämtliche Einzelheiten erwähnen. Zudem wird in den Äußerungen der Beteiligten die Handlung nicht in ihrem korrekten zeitlichen Ablauf wiedergegeben.

## Das Erfassen der Aufgabenstellung

Lies die Aufgabenstellung gründlich durch und markiere die Erzählperspektive:

*Verfasse ausgehend von den folgenden Zeugenaussagen einen Bericht aus der Perspektive eines unbeteiligten Er-Erzählers.*

## Die gründliche Lektüre der Vorlage

Nun solltest du die Zeugenaussagen mehrmals durchlesen. Dabei legst du dir am besten ein Blatt Papier mit den sechs W-Fragen bereit und markierst die Antworten auf diese Fragen im Text.

Direktor Bartl: „Natürlich unterstütze ich Exkursionen wie die Fahrt von Frau Neugebauer mit ihren Fünftklässlern nach München ins Museum. Außerdem war der 2. Juni, der Freitag nach Himmelfahrt, ein passender Tag für solche Unternehmungen. Wer hätte denn ahnen können, dass so etwas passiert! Aber die Lehrerin trifft keine Schuld, denn sie hatte die Schüler vorher ermahnt, zusammenzubleiben und beim Umsteigen von der Straßenbahn in die S-Bahn gut aufzupassen."

Annette: „So viele Menschen! Und wie die drängelten! Alle hatten es eilig, nach Hause zu kommen! Auf dem Münchner Bahnhof hatte auch ich Angst, die Klasse zu verlieren."

Frau Huber: „In dem Elternbrief stand, dass die Klasse um 14 Uhr zurückkommt. Ich wollte meinen Sohn Robert von der Schule abholen, um anschließend mit ihm Schuhe kaufen zu gehen. Doch von Robert war weit und breit nichts zu sehen. Da kam die Lehrerin und sagte mir, dass sie Robert beim Umsteigen am Münchner Bahnhof verloren haben. Als ich meinen Sohn später gesund in die Arme schließen konnte, war ich doch sehr erleichtert."

Sven: „Der Ausflug in die Ausstellung „Mensch und Natur" hat echt Spaß gemacht. Das ist ein tolles Museum!"

Robert: „Auf dem Weg zur S-Bahn löste sich auf einmal mein Schnürsenkel und ich wäre beinahe hingefallen. Also bückte ich mich, um ihn wieder zuzubinden und als ich wieder hochschaute, waren meine Klassenkameraden weg."

Bahnbeamtin: „Um 13 Uhr 25 kam ein verzweifelter Junge an meinen Schalter am Münchner Hauptbahnhof. Er erzählte, dass er seine Klasse verloren hätte. Auf meine Nachfrage antwortete er, dass er das Erdinger Gymnasium besucht. Also rief ich dort an und sagte der Sekretärin, dass ich den Jungen in die nächste S-Bahn nach Erding setze, die um 14 Uhr 40 dort ankommt."

Sandra: „Typisch, dass das dem Robert passiert! Der träumt doch immer und ist so langsam! In der Grundschule haben wir ihn auch schon einmal auf dem Wandertag unterwegs beinahe verloren."

Frau Neugebauer: „Ich bin ziemlich erschrocken, als ich beim Durchzählen der Schüler in der S-Bahn feststellen musste, dass eines von den fünfzehn Kindern fehlte. Aber ich konnte ja während der Fahrt nichts unternehmen. Ich war ganz schön erleichtert, als mir die Sekretärin bei der Rückkehr gleich sagte, dass eine Bahnbeamtin angerufen hat und dass Robert mit der nächsten S-Bahn ankommt."

## *Die Beantwortung der W-Fragen*

Nun schreibst du die Antworten auf die sechs W-Fragen hinter die Stichpunkte auf deinen Notizzettel. Versuche dabei nach Möglichkeit, das Geschehen schon nach dem korrekten zeitlichen Ablauf zu ordnen.

*Wer?* Robert Huber, Schüler der 5. Jahrgangsstufe des Gymnasiums Erding

*Wo?* Auf dem Heimweg vom Museum „Mensch und Natur“ am Münchner Hauptbahnhof

*Wann?* Am Freitag, dem 2. Juni 2000, gegen 13 Uhr 30

*Was?* Robert Huber verliert beim Umsteigen von der Straßenbahn in die S-Bahn den Kontakt zum Rest seiner Klasse.

*Wie?*

- Die 5. Klasse unternimmt mit ihrer Lehrerin einen Ausflug ins Museum „Mensch und Natur“.
- Die Lehrerin ermahnt ihre Schüler, beim Umsteigen zusammenzubleiben.
- Auf dem Heimweg löst sich beim Umsteigen von der Straßenbahn in die S-Bahn am Münchner Hauptbahnhof der Schnürsenkel von Robert Hubers Schuh.
- Der Schüler bindet seinen Schuh neu und verliert im Gedränge des Bahnhofs den Kontakt zum Rest seiner Klasse.
- Erst in der S-Bahn merkt die Lehrerin, dass ein Schüler fehlt.
- Robert meldet sich inzwischen bei einer Bahnbeamtin, die ihn in den nächsten Zug nach Erding setzt und in der Schule anruft.
- Bei der Rückkehr nach Erding informiert die Schulsekretärin die Lehrerin sowie Roberts wartende Mutter, dass ihr Sohn mit der nächsten S-Bahn eintreffen wird.

*Welche Folgen?* Außer dem Schrecken bleibt das Ereignis für alle Beteiligten ohne Folgen.

## *Das Schreiben des Berichts*

Beim nächsten Schritt geht es darum, ausgehend von deinen Notizen den Bericht zu verfassen. Achte dabei auf den richtigen Aufbau und die passende Wortwahl. Du solltest dich bemühen, die Formulierungen aus den Zeugenaussagen nicht wörtlich zu übernehmen, sondern die Sätze selbstständig zu formulieren.

Der Aufsatz könnte etwa so aussehen:

### Aufsatzbeispiel

| | |
|---|---|
| Einleitung | Am Freitag, dem 2. Juni 2000, verlor Robert Huber, Schüler der fünften Klasse des Gymnasiums Erding, gegen 13 Uhr 30 auf dem Rückweg von einem Museumsbesuch beim Umsteigen am Münchner Hauptbahnhof den Kontakt zu seiner Klasse. |
| Hauptteil | Nach dem Besuch des Museums „Mensch und Natur" fuhr die fünfte Klasse in Begleitung ihrer Lehrerin mit der Straßenbahn zum Hauptbahnhof. Dort musste die Gruppe in die S-Bahn nach Erding umsteigen. Auf dem Weg durch den Hauptbahnhof löste sich der Schnürsenkel am Schuh des Schülers Robert Huber. Trotz der vorherigen Ermahnungen der Lehrerin, auf jeden Fall in der Gruppe zusammenzubleiben, bückte er sich, um den Schnürsenkel wieder zuzubinden. Als er wieder aufblickte, hatte er in der Menschenmenge den Kontakt zu seiner Klasse verloren. Die Lehrerin bemerkte erst beim Durchzählen der Schüler in der S-Bahn, dass Robert fehlte. Dieser meldete sich bei einer Schalterbeamtin der Bundesbahn. Die Beamtin rief in Roberts Schule an, dass er mit der nächsten S-Bahn einträfe. Dann setzte sie Robert in den nächsten S-Bahn-Zug nach Erding. Die Lehrerin sowie Roberts wartende Mutter wurden von der Schulsekretärin informiert. Der Junge traf mit S-Bahn wohlbehalten in Erding ein. |
| Schluss | Abgesehen vom Schrecken blieb das Ereignis für alle beteiligten Personen ohne Folgen. |

## *Das Durchlesen des fertigen Aufsatzes*

Am Ende solltest du deinen Aufsatz nochmals kritisch durchlesen, um mögliche Fehler korrigieren zu können. Beachte dabei besonders die Regeln zum Bericht und vergleiche, ob du sie eingehalten hast.

**4.** Severin hat folgenden Bericht über das Ereignis geschrieben. Leider ist dabei einiges schief gegangen. Lies seinen Aufsatz gründlich durch und korrigiere dann die Fehler, die du entdeckt hast. Vergleiche anschließend deine Vorschläge mit der Lösung.

Am Freitag verirrte sich am Münchner Hauptbahnhof der Schüler Robert Huber.

Er war mit seiner Klasse auf dem Heimweg von einem Besuch im Museum „Mensch und Natur". Beim Umsteigen von der Straßenbahn in die S-Bahn verlor er den Anschluss an seine Klasse. Schlotternd vor Angst ging er zu einer Bahnbeamtin. Diese fragte ihn, was geschehen war und informierte anschließend telefonisch seine Schule: „Robert hat seine Klasse verloren. Er steht weinend vor mir und kommt eine S-Bahn später nach Erding."
Dann brachte sie Robert zur nächsten S-Bahn nach Erding. Die Lehrerin erfuhr durch die Schulsekretärin von dem Anruf. Sie hatte Roberts Verschwinden erst im Zug bemerkt. Roberts Mutter wartete schon sehnlichst auf Robert, da sie mit ihm Schuhe kaufen gehen wollte. Sie schloss ihren Sohn bei seiner Ankunft überglücklich in die Arme.

Die Lehrerin konnte nun zufrieden ins Wochenende gehen.

Du hast es gleich bemerkt: Die Einleitung ist viel zu ungenau. Es fehlen wichtige Informationen zu Datum und Uhrzeit des Geschehens. Auch die Angaben über die Art des Geschehens und über die Hauptperson fallen zu knapp aus.

Im Hauptteil sind die wörtliche Rede und der Ausdruck von Gefühlen *(Angst, überglücklich)* falsch. Beides gehört nicht in den Bericht. Zwei weitere Stellen fallen auf:

> Beim Umsteigen von der Straßenbahn in die S-Bahn verlor er den Anschluss an seine Klasse.
>
> Die Lehrerin erfuhr durch die Schulsekretärin von dem Anruf. Sie hatte Roberts Verschwinden erst im Zug bemerkt. Roberts Mutter wartete schon sehnlichst auf Robert, da sie mit ihm Schuhe kaufen gehen wollte.

Zunächst wird dem Leser nicht klar, warum Robert den Kontakt zum Rest der Klasse verliert (Schnürsenkel!). Anschließend werden zwei Dinge in der falschen zeitlichen Reihenfolge erwähnt – erst der Anruf, dann das Bemerken von Roberts Verschwinden, das aber vor dem Anruf lag. Dass Roberts Mutter mit ihrem Sohn Schuhe kaufen wollte, spielt für unseren Bericht keine Rolle.

Im Schlussteil wird die Frage nach den Folgen des Ereignisses nicht beantwortet.

**5.** Zum Schluss eine Aufgabe, die du ganz allein bearbeiten kannst. Berücksichtige alle Arbeitsschritte und achte darauf, dass du die W-Fragen in Einleitung, Hauptteil und Schluss beantwortest. Versuche es selbstständig und vergleiche anschließend deinen Vorschlag mit dem Aufsatzbeispiel.

Schreibe ausgehend von den folgenden Zeugenaussagen einen Zeitungsbericht aus der Perspektive eines unbeteiligten Er-Erzählers.

Manuela Jung: „Hallo, ist dort die Polizei? Auf der B 388 nach Taufkirchen liegt in Erding bei der Abzweigung nach Hohenlinden ein umgekippter Traktoranhänger quer über der Straße. Der behindert den ganzen Verkehr. Es hat sich schon ein langer Stau gebildet. Die ganze Straße ist versperrt. Verletzt wurde zum Glück niemand."

Hans Meyer: „So etwas habe ich bei meiner Arbeit als Feuerwehrhauptmann noch nie erlebt! Tausende von Zuckerrüben quer über die Bundesstraße verstreut! Wir mussten sie alle in einen großen Container schippen. Das hat Stunden gedauert. Meine Männer sind ganz schön ins Schwitzen gekommen. Erst nach zweieinhalb Stunden hatten wir den umgekippten Anhänger von der Straße geräumt."

Susanne Beil: „Ich sage ja immer, Traktoren gehören nicht auf die Bundesstraße. Und der Bauer Josef Müller aus Walpertskirchen, der fährt immer viel zu schwungvoll um die Kurve. Ich hab mir schon oft gedacht, dass da mal was passieren wird. Und jetzt stehe ich hier im Stau, obwohl ich doch meine beiden Söhne zum Fußballtraining, das um 16 Uhr beginnt, bringen wollte! Und da biegt der mit seinem Traktor vor mir so schnell um die Kurve in die Bundesstraße ein, dass der Anhänger umfällt."

Ferdinand Beil: „Toll, wie schnell die Polizei da war. Die sind richtig mit Blaulicht angedüst gekommen! Polizist will ich auch mal werden, wenn ich groß bin."

Peter Beil: „Und wie schnell die dann den Verkehr umgeleitet haben, während die Feuerwehrleute aufgeräumt haben!"

Josef Müller: „Ich kapiere das alles nicht. Natürlich bin ich im Oktober immer im Stress, weil ich ja heute, am 20., den Liefertermin für die Rüben in der Zuckerfabrik in Freising habe. Aber so etwas ist mir noch nie passiert! Sonst bin ich doch auch nicht viel langsamer um die Kurve gefahren. Ich habe nur ein bisschen Gas gegeben, denn ich wollte noch vor dem Auto, das von links kam, in die Bundesstraße einbiegen. Und plötzlich kam der Hänger ins Rutschen. Es lag wohl an der nassen Fahrbahn. Und nun ist meine ganze Ladung im Eimer. Über 1000 Mark Schaden!"

## Aufsatzbeispiel

### Einleitung

Am 20. Oktober kurz vor 16 Uhr kippte beim Abbiegen von der Straße aus Richtung Hohenlinden auf die B 388 der mit Zuckerrüben beladene Traktoranhänger des Landwirts Josef Müller aus Walpertskirchen um und versperrte stundenlang die Bundesstraße.

### Hauptteil

Der Landwirt Josef Müller aus Walpertskirchen war mit seinem Traktor und einer Anhängerladung Zuckerrüben nach Freising unterwegs. An der Abzweigung auf die Bundesstraße 388 bei Erding versuchte er, noch vor einem herannahenden Pkw abzubiegen. Wegen der nassen Fahrbahn geriet der beladene Anhänger ins Rutschen und kippte inmitten der Abzweigung um. Die Ladung rollte auf die Straße und blockierte den Verkehr. Die von einer Augenzeugin rasch benachrichtigte Polizei leitete den Verkehr um, während die Männer von der Feuerwehr die Ladung in einen Container schaufelten und den umgekippten Anhänger bargen. Nach zweieinhalb Stunden war die Bundesstraße wieder frei befahrbar.

### Schluss

Durch den Verlust der Ladung Zuckerrüben ist dem Unfallverursacher ein Schaden im Wert von etwa 1000 DM entstanden. Der Anhänger war nur leicht beschädigt. Verletzt wurde bei dem Unfall niemand.

# 6 Die Umwandlung einer Erzählung in einen Bericht

Wenn du eine Erzählung in einen Bericht umwandeln sollst, musst du vor allem beachten, dass du viele typische Merkmale einer Erzählung im Bericht nicht verwenden darfst, zum Beispiel wörtliche Rede, Gedanken, Gefühle oder Aufbau von Spannung. Allgemein gilt auch hier, Wichtiges von Unwichtigem zu unterscheiden und das Unwichtige wegzulassen.
Gehen wir Schritt für Schritt an die Sache heran. Die Aufgabenstellung könnte so aussehen:

Forme die folgende Erzählung in einen Bericht um. Verwende dabei die Perspektive eines unbeteiligten Er-Erzählers.

Wichtige Informationen:
In seinem Jugendbuch „Das fliegende Klassenzimmer" erzählt der Autor Erich Kästner von den vier Freunden Matthias, Martin, Johnny und Uli, die in einem Internatsgymnasium in Bamberg nahe des Domes leben.

Am Morgen wurde Uli, dem Kleinsten in der Klasse, der immer wieder als Feigling verspottet wurde, ganz besonders übel mitgespielt. Während vier Klassenkameraden Matthias, seinen Freund, festhielten, zwangen ihn andere, in einen großen Papierkorb zu steigen, und dann wurde der Papierkorb samt Uli am Kartenhalter hinaufgezogen. So hing der Arme hoch oben unter der Decke und musste sich vor der Klasse und dem Lehrer, der die Klasse für diesen Unfug später bestrafte, verspotten lassen.
In der Pause kletterte Uli aufs Katheder und rief: „Ruhe!" Aber die anderen lärmten weiter. „Ruhe!", rief er zum zweitenmal. Es klang wie ein gequälter Aufschrei. Und da wurden sie alle still.
Uli war blaß wie ein Handtuch. „Ich möchte euch mitteilen", sagte er leise, „daß ich das nicht mehr aushalte. Ich werde noch

ganz krank davon. Ihr denkt, ich bin ein Feigling. Nun, ihr werdet's ja sehen. Ich fordere euch auf, heute um drei Uhr auf den Turnplatz zu kommen. Um drei Uhr. Vergeßt es aber nicht!" Dann stieg er wieder herab und setzte sich auf seinen Platz. (...)

Als Uli kurz vor drei Uhr kam, standen über 50 Schüler – auch aus anderen Klassen – auf dem verschneiten Turnplatz und erwarteten ihn. (...) Er ging wortlos an ihnen vorüber und schritt auf das hohe Klettergerüst zu, das am Rande des Platzes stand. „Wozu hat er eigentlich einen Schirm mit?", fragte jemand. Aber die anderen machten „Pst!" Neben den Kletterstangen erhob sich eine hohe Leiter. Eine der üblichen Turnleitern, wie sie in allen Schulen zu finden sind. Uli trat an die Leiter heran und kletterte die eiskalten Sprossen hinauf. Auf der vorletzten Sprosse machte er halt, drehte sich um und blickte zu der großen Jungensmenge hinunter. Er schwankte ein bißchen, als ob ihm schwindle. Dann riß er sich zusammen und sagte laut: „Die Sache ist die: Ich werde jetzt den Schirm aufspannen und einen Fallschirmsprung machen. Tretet weit zurück, damit ich niemandem auf den Kopf fliege!"
Einige Jungen meinten, Uli sei komplett verrückt. Aber die meisten drängten stumm rückwärts und konnten das angekündigte aufregende Schauspiel nicht erwarten. (...)

Matthias und die anderen Freunde hatten über Mittag Ulis Ankündigung fast vergessen.
(...) Da drehte sich Matthias suchend um und fragte: „Wo ist denn eigentlich der Kleine? Er ist weg!" Johnny sah auf die Uhr. „Es ist kurz nach drei", sagte er. „Uli hatte doch um drei Uhr

irgend etwas vor." „Freilich", rief Martin. „Auf dem Turnplatz draußen. Da bin ich aber neugierig." Sie verließen die Halle und liefen zu dem Platz hinüber. Sie bogen um die Ecke und blieben wie angewurzelt stehen. Der Platz war voller Schüler. Und alle schauten zu der hohen Turnleiter hinauf, auf der Uli mühsam balancierte. Den aufgespannten Regenschirm hielt er hoch über sich. Martin flüsterte: „Um Gottes willen! Er will herunterspringen!" Und schon rannte er über den Platz und die anderen beiden folgten ihm. Der Turnplatz war, trotz des Schnees, höllisch glatt. Johnny fiel hin. „Uli", schrie Matthias. „Tu's nicht!" Doch in diesem Augenblick sprang Uli ab. Der Schirm stülpte sich sofort um. Und Uli sauste auf die verschneite Eisfläche hinab. Er schlug dumpf auf und blieb liegen. Die Menge rannte schreiend auseinander. Im nächsten Augenblick waren die vier Freunde bei dem Verunglückten. Uli lag leichenblaß und besinnungslos im Schnee. Matthias kniete neben Uli und streichelte ihn in einem fort. Dann rannte Johnny ins Haus, um die Krankenschwester des Internats zu holen. (...)

Uli wurde in das Krankenzimmer gebracht, wo er wieder zu Bewußtsein kam. Der rasch herbeigerufene Arzt versorgte den Beinbruch und die Quetschungen. Als die drei Freunde ihn nach Uli fragten, sagte er: „Bitte seid leise, denn er hat außerdem eine Gehirnerschütterung! Der Beinbruch muss gleich im Krankenhaus operiert werden." Kurz darauf traf Justus, der Hauslehrer, ein und fragte die drei Freunde: „ (...) Könnt ihr mir, um alles in der Welt, erklären, warum er auf den idiotischen Einfall gekommen ist, mit dem Schirm von der Leiter herunterzuspringen?" „Sie haben ihn immer alle geärgert", erzählte

Matthias schluchzend. „Er sei ein Feigling, haben sie gesagt, und solche Sachen. (...) Und ich Rindvieh habe ihm gestern geraten, er müsse eben mal was zeigen, was den anderen imponiere."
„Na, das ist ihm ja nun gelungen", sagte der Justus. „Und nehmt euch ein bißchen zusammen. Vergeßt nicht, daß so ein Beinbruch weniger schlimm ist, als wenn der Kleine sein Leben lang Angst davor gehabt hätte, die anderen würden ihn nicht für voll nehmen. (...) Ich bitte alle, sowohl die Tapferkeit als auch deren Mangel so unauffällig wie möglich auszuüben."

## *Das Erfassen der Aufgabenstellung*

Du beginnst wieder mit dem ersten Arbeitsschritt. Du liest die Aufgabenstellung gründlich durch und markierst, aus welcher Perspektive du berichten sollst:

*Forme die folgende Erzählung in einen Bericht um. Verwende dabei die Perspektive eines unbeteiligten Er-Erzählers.*

Diese Erzählperspektive musst du in deinem Bericht unbedingt einhalten.

## *Die gründliche Lektüre der Vorlage*

Die Vorlage ist in diesem Fall ziemlich lang. Umso wichtiger ist es für dich, den Text mehrmals sehr genau durchzulesen. Schreibe vor dem zweiten Durchlesen die sechs W-Fragen auf einen Notizzettel. Markiere dann im Text die Antworten auf diese Fragen.
Versuch es am besten gleich selbst und markiere – sobald du die sechs W-Fragen auf einen Zettel geschrieben hast – die wichtigen Stellen im Text. Ein Tipp: Manchmal enthalten auch wörtliche Reden wichtige Informationen!

## *Die Beantwortung der W-Fragen*

Schreibe jetzt die Antworten hinter die sechs W-Fragen auf deinen Notizzettel. Achte dabei darauf, dass du nur die für die Handlung wichtigen Informationen notierst. Bei der Antwort auf die Frage nach dem Wie – also dem Ablauf der Ereignisse – bringst du die einzelnen Punkte gleich in die richtige zeitliche Reihenfolge. Ein Tipp: Da kein genaues Datum im Text angegeben ist, kannst du in deinem Bericht ein Datum für die Ereignisse erfinden. Es muss aber ein Tag im Winter sein, denn der Turnplatz ist verschneit.

Dein Notizzettel wird etwa so aussehen:

| | |
|---|---|
| Wer? | Der Schüler Uli |
| Wo? | Auf dem Turnplatz eines Internatsgymnasiums in Bamberg in der Nähe des Domes |
| Wann? | An einem Tag im Winter (ausgedachtes Datum: 9. Januar 2000) kurz nach 15 Uhr |
| Was? | Der Schüler Uli verletzt sich bei einer Mutprobe. |
| Wie? | – Am Morgen des 9. Januar wird Uli besonders stark gehänselt und als Feigling verspottet.<br>– Er fordert seine Klassenkameraden auf, um 15 Uhr auf den Turnplatz der Schule zu kommen.<br>– Etwa 50 Schüler versammeln sich dort um diese Zeit.<br>– Uli kommt und klettert mit einem Schirm in der Hand auf die Leiter des Klettergerüstes.<br>– Uli kündigt den Zuschauern den Sprung an und spannt den Schirm auf.<br>– Ulis Freunde erreichen verspätet den Turnplatz und versuchen, ihn von dem Sprung abzuhalten.<br>– Uli springt ab. Der Schirm stülpt sich um und Uli prallt auf der Eisfläche auf, wo er bewusstlos liegen bleibt. |

| | |
|---|---|
| | – *Die Zuschauer rennen davon. Ulis Freund Johnny holt die Krankenschwester des Internats.*<br>– *Uli wird ins Krankenzimmer gebracht und wird von einem Arzt versorgt.*<br>– *Der Hauslehrer bittet Ulis Freunde um eine Erklärung des Vorfalls und ermahnt sie.* |
| *Welche Folgen?* | *Uli erleidet einen Beinbruch, Quetschungen und eine Gehirnerschütterung. Er muss ins Krankenhaus eingeliefert und operiert werden.* |

## *Das Schreiben des Berichts*

Denke beim Schreiben an die Regeln zum Aufbau des Berichts (Untergliederung in drei Abschnitte). Bei der Umwandlung einer Erzählung in einen Bericht ist es besonders wichtig, dass du die Sätze selbst formulierst und nicht aus der Vorlage abschreibst.

### Aufsatzbeispiel

| | |
|---|---|
| Einleitung | Am Mittwoch, dem 9. Januar 2000, verletzte sich gegen 15 Uhr der Schüler Uli bei einer Mutprobe auf dem Turnplatz eines Internatsgymnasiums in der Nähe des Bamberger Domes. |
| Hauptteil | Am Morgen des 9. Januar war Uli von seinen Klassenkameraden besonders heftig verspottet und als Feigling beschimpft worden. Dies nahm er zum Anlass, diese für 15 Uhr auf den Turnplatz der Schule zu bestellen. Vor den Augen von etwa 50 Schülern stieg Uli zur verabredeten Uhrzeit mit einem Schirm in der Hand auf die Turnleiter. Oben angekommen kündigte er an, mit dem Regenschirm als Fallschirm hinunterzuspringen. Im Gegensatz zu den übrigen Zuschauern versuchten seine Freunde, die in diesem Moment verspätet auf dem Turnplatz eintrafen, ihn durch Zurufe von seinem Vorhaben abzuhalten. |

| | |
|---|---|
| | Doch ihre Bemühungen waren vergeblich. Uli sprang. Dabei stülpte sich der Schirm nach oben um, sodass der Schüler fast ungebremst auf dem harten Boden aufkam und bewusstlos liegen blieb. Während die Zuschauer wegliefen, informierte einer von Ulis Freunden die Krankenschwester des Internats. Uli wurde ins Krankenzimmer der Schule gebracht, wo er von einem rasch herbeigerufenen Arzt versorgt wurde. Am Abend ließ sich der Hauslehrer von Ulis Freunden erklären, wie es zu der Mutprobe gekommen war, und ermahnte sie, in Zukunft auf solche Unternehmungen zu verzichten. |
| Schluss | Der Schüler Uli erlitt bei dem Sturz Quetschungen und eine Gehirnerschütterung sowie einen Beinbruch, der noch am selben Tag im Krankenhaus operiert werden musste. |

## *Das Durchlesen des fertigen Aufsatzes*

Nachdem du nun den Bericht geschrieben hast, liest du ihn dir am besten noch einmal in Ruhe und gründlich durch. Achte dabei darauf, ob du alle Regeln zum Bericht eingehalten hast und ob du einen angemessenen Sprachstil gewählt hast. Beim Abfassen eines Berichts nach der Vorlage einer Erzählung solltest du zudem aufpassen, dass du keine Formulierungen wörtlich aus der Textvorlage übernommen hast. Vergleiche also deinen Bericht sorgfältig mit der Erzählung!

**6.** Monika hat die Erzählung von Erich Kästner in einen Bericht umgewandelt. Leider ist dabei einiges schief gegangen. Lies ihren Aufsatz aufmerksam durch und korrigiere dann die Fehler, die du entdeckt hast. Vergleiche anschließend deine Vorschläge mit der Lösung.

Am letzten Mittwoch gab es um 15 Uhr im Internatsgymnasium in Bamberg in der Nähe des Doms eine fast ausweglose Situation, als der Feigling Uli von einer Leiter springt und am Schluss nicht mehr so dumm dasteht.

Uli wurde von seinen Klassenkameraden übel mitgespielt. In der Pause teilte er ihnen mit, dass sie alle um 15 Uhr auf den Sportplatz kommen sollten. Als er wortlos an ihnen vorbei zum Klettergerüst ging, war der ganze Platz schon voll von Mitschülern. Diese murmelten vor sich hin, weil Uli einen Schirm bei sich trug. Uli kletterte mit dem Schirm in der Hand auf die vorletzte Sprosse der Leiter, die am Klettergerüst stand. Langsam drehte er sich um und bekam etwas Angst. Anschließend verkündete Uli, dass er den Schirm als Fallschirm benutzen und herunterspringen wolle. Die ganze Schar meinte, dass er spinne. Seine Freunde Martin, Johnny und Matthias trafen verspätet ein. Johnny rief: „Tu's nicht", um Uli zurückzuhalten. Kurz darauf sprang Uli. Er schlug dumpf auf und blieb liegen. Die Menge rannte auseinander. Einige Jungen holten gleich die Krankenschwester der Schule, die Uli sofort ins Krankenzimmer brachte, wo er verarztet wurde. Anschließend wurde er ins Krankenhaus eingeliefert. Die anderen Schüler versprachen, nie wieder einen anderen Mitschüler als Feigling zu beschimpfen.

Uli erlitt eine Gehirnerschütterung, viele Quetschungen und einen Beinbruch.

Bestimmt hast du beim Durchlesen viele von Monikas Fehlern entdeckt. In der Einleitung antwortet sie nur ungenau auf die Fragen *Wann?* und *Was?*. So fehlt zum Beispiel das genaue Datum. Die *ausweglose Situation* wird nicht beschrieben. Dass Uli *am Schluss nicht mehr so dumm dasteht*, ist doppelt falsch: Einerseits ist der Satz sprachlich nicht korrekt (*dumm dastehen* ist umgangssprachlich), andererseits wechselt Monika ins Präsens – *dasteht* –, obwohl sie im Bericht das Präteritum verwenden muss.

Schauen wir uns den Hauptteil von Monikas Aufsatz genauer an:

| | |
|---|---|
| ungenau | Uli wurde von seinen Klassenkameraden übel mitgespielt. In der Pause teilte er ihnen mit, dass sie alle um 15 Uhr auf den Sportplatz kommen sollten. Als er wortlos an ihnen vorbei zum Klettergerüst ging, war der ganze Platz schon voll von Mitschülern. |
| unwichtig | Diese murmelten vor sich hin, weil Uli einen Schirm bei sich trug. Uli kletterte mit dem Schirm in der Hand auf die vorletzte Sprosse der Leiter, die am Klettergerüst stand. Langsam drehte er sich um und |
| Gefühl | bekam etwas Angst. Anschließend verkündete Uli, dass er den Schirm als Fallschirm benutzen und |
| Gefühl | herunterspringen wolle. Die ganze Schar meinte, |
| Namen unwichtig | dass er spinne. Seine Freunde Martin, Johnny und |

| | |
|---|---|
| wörtliche Rede | Matthias trafen verspätet ein. Johnny rief: „Tu's nicht", um Uli zurückzuhalten. Kurz darauf sprang |
| Satz aus der Erzählung | Uli. Er schlug dumpf auf und blieb liegen. Die |
| inhaltlich falsch | Menge rannte auseinander. Einige Jungen holten gleich die Krankenschwester der Schule, die Uli sofort ins Krankenzimmer brachte, wo er verarztet wurde. Anschließend wurde er ins Krankenhaus |
| inhaltlich falsch | eingeliefert. Die anderen Schüler versprachen, nie wieder einen anderen Mitschüler als Feigling zu beschimpfen. |

Auch der Schluss ist unvollständig, denn der Hinweis auf die Operation als Folge von Ulis Sprung muss unbedingt erwähnt werden.

**7.** Zum Schluss eine Aufgabe, die du ganz allein bearbeiten kannst. Berücksichtige alle Arbeitsschritte und achte darauf, dass du die W-Fragen in Einleitung, Hauptteil und Schluss beantwortest. Versuche es selbstständig und vergleiche anschließend deinen Vorschlag mit dem Aufsatzbeispiel.

Forme die Erzählung der elfjährigen Christine in einen Bericht um. Verwende dabei die Perspektive eines unbeteiligten Er-Erzählers.

In den letzten Sommerferien war ich mit meinen Eltern und meiner kleinen Schwester Lena auf der Burg Hochosterwitz. Das liegt in Kärnten. Von unserem Campingplatz aus mussten wir eine halbe Stunde mit dem Auto fahren.
Lena war schon aufgeregt und konnte es mal wieder nicht erwarten, dass die Führung losging. Endlich war es dann soweit. Ein junger Mann mit braunen Locken kam um die Ecke und begrüßte uns: „Herzlich willkommen auf der schönen Burg Hochosterwitz! Ich darf Sie nun zu einer interessanten Führung durch unser altes Gemäuer einladen. Es wird Ihnen sicherlich gefallen. Folgen Sie mir bitte!"
Und dann ging es los. Zuerst betraten wir einen großen Raum, in dem nur zwei Stühle, ein kleiner Tisch und ein dunkler, alter Schrank standen. Im zweiten Raum befanden sich verschiedene Ritterrüstungen. Danach betraten wir einen Saal mit wunderschönen Gemälden, an den sich die Treppe in den Keller anschloss. Jeder Besucher erhielt jetzt eine Fackel. Meiner Schwester und mir drückte der Führer aber nur zwei kleine Kerzen in die Hand.
Nun stiegen wir vorsichtig hinunter in das tiefe Gewölbe. Ich ging mit Lena ganz nah bei meinen Eltern. Doch dann hörten wir Stimmen. Sie kamen aus dem Raum neben uns. Der Führer sperrte die schwere Holztür mit einem riesigen Schlüssel auf. Knarrend öffnete sie sich. Als wir in das Zimmer schauten, konnten wir Puppen sehen, die immer wieder die gleichen

Bewegungen machten, gluckten und lachten. Lena und ich waren davon so begeistert, dass wir gar nicht merkten, wie sich die Gruppe langsam entfernte.
Plötzlich wurden wir durch ein seltsames Geräusch aufgeschreckt. Wir drehten uns um und erkannten sofort, was los war: Der Führer hatte uns eingeschlossen – unabsichtlich natürlich! Meine Schwester fing an zu weinen: „Die haben uns vergessen. Was sollen wir jetzt tun?" Ich wusste es auch nicht. Die Puppen hatten inzwischen aufgehört sich zu bewegen. Unheimlich sahen sie jetzt aus im Schein unserer Kerzen. Ich konnte sogar mein Herz pochen hören, so still war es hier drin. Würden wir in dieser Kammer verhungern müssen? Nein, das glaubte ich doch nicht. Irgendjemand würde uns bestimmt hier herausholen. Mit solchen Gedanken versuchte ich mir Mut zu machen. Allerdings half es nicht viel. Meine Schwester kuschelte sich an mich und wir fingen an, uns gegenseitig Geschichten zu erzählen. Wir zitterten mittlerweile vor Kälte. Überall roch es nach Moder. Aber da! Ein unheimliches Lachen und Glucksen. Wir schreckten auf. Die Puppen bewegten sich wieder. Im selben Augenblick hörte ich, wie ein Schlüssel im Schloss gedreht wurde. „Schau, die Tür öffnet sich!", rief ich aufgeregt. Und schon steckte ein Mann den Kopf herein. „Seid ihr noch von der anderen Gruppe?" Wir nickten erleichtert. „Na, dann kommt mal mit! Ich bringe euch wieder zu euren Eltern!"
Ach, waren wir froh! Unsere Eltern hatten sich natürlich schon Sorgen gemacht, doch jetzt war alles in Ordnung. Lena und ich schworen uns, in Zukunft bei Burgführungen immer bei der Gruppe zu bleiben.

## Aufsatzbeispiel

**Einleitung**

In den letzten Sommerferien verloren die elfjährige Christine und ihre jüngere Schwester Lena bei einer Führung auf der Burg Hochosterwitz in Kärnten den Anschluss an ihre Gruppe. Sie wurden kurze Zeit später jedoch unverletzt wieder gefunden.

**Hauptteil**

Gemeinsam mit ihren Eltern nahmen die Mädchen an einer Burgführung teil. In einem Kellerraum mit beweglichen Puppen blieben die beiden zurück, ohne zu merken, wie sich die Gruppe entfernte, bis sie hörten, wie die Tür des Raumes hinter ihnen abgesperrt wurde. Kurze Zeit später wurden sie vom Führer der nächsten Gruppe entdeckt und zu ihren Eltern zurückgebracht.

**Schluss**

Die beiden Mädchen und ihre Eltern kamen mit dem Schrecken davon.

# Quellenangaben

Seite 6f: Die Reißzwecke, aus: e. o. plauen, *Vater und Sohn*, in Gesamtausgabe Erich Ohser © Südverlag GmbH, Konstanz, 2000 mit Genehmigung der Gesellschaft für Verlagswerte GmbH, Kreuzlingen / Schweiz.

Seite 19: Text aus *Erdinger Anzeiger* vom 2. März 2000.

Seite 81–84: Erich Kästner, Das fliegende Klassenzimmer, aus: *Kästner für Kinder, Band 2*, Zürich (Atrium Verlag), 1985 [gekürzt].

Seite 91f.: Text aus Christine Friepes/Annett Richter, *Die Erzählung – 5./6. Schuljahr*, Stuttgart (Manz Verlag), 2000.

Für die Bildergeschichten auf den Seiten 53 und 61 konnten die Copyright-Inhaber nicht ermittelt werden. Autorin und Verlag sind für entsprechende Hinweise dankbar.